상상을 더해 만드는 나만의

아두이노
통신 프로젝트

우지윤 저

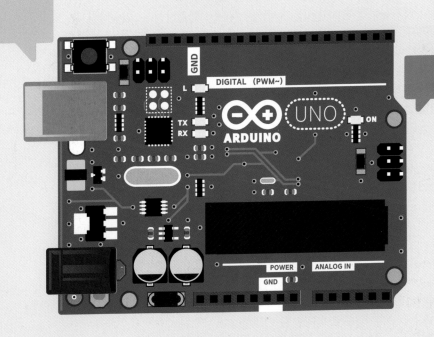

DIGITAL BOOKS
디지털북스

상상을 더해 만드는 나만의

아두이노
통신 프로젝트

| 만든 사람들 |

기획 IT·CG기획부 | **진행** 양종엽·박소정 | **집필** 우지윤
표지 디자인 원은영·D.J.I books design studio | **편집 디자인** 이기숙·디자인숲

| 책 내용 문의 |

도서 내용에 대해 궁금한 사항이 있으시면
저자의 홈페이지나 디지털북스 홈페이지의 게시판을 통해서 해결하실 수 있습니다.
디지털북스 홈페이지 digitalbooks.co.kr
디지털북스 페이스북 facebook.com/ithinkbook
디지털북스 인스타그램 instagram.com/digitalbooks1999
디지털북스 유튜브 유튜브에서 [디지털북스] 검색
디지털북스 이메일 djibooks@naver.com
저자 이메일 wootekken@naver.com

| 각종 문의 |

영업관련 dji_digitalbooks@naver.com
기획관련 djibooks@naver.com
전화번호 (02) 447-3157~8

4차 산업혁명 시대가 도래한 지금, 빅데이터, 인공지능, 자율주행 로봇 등 여러 방면에서 활용되는 코딩(Coding)의 중요성이 더욱 커지고 있습니다. 특히 세계 경제포럼은 4차 산업혁명에 필요한 기술 10가지 중 첫 번째로 '복잡한 문제 해결 기술'을 선정하고 이를 위해 "컴퓨팅 사고력이 반드시 필요하다"고 밝혔습니다. 대한민국 정부도 4차 산업혁명에 맞는 인재를 양성하기 위해 2017년에 입학한 중학생부터 소프트웨어 교육을 의무화 했습니다.

저는 다년간 학교, 학원, 기관 등에서 소프트웨어 교육을 진행해 오면서 선생님과 수강자 입장에서 재밌고 흥미로운 교육 콘텐츠를 발굴하고 개발하였습니다. 이 과정에서 현장에서 교육 가능한 형태로 제공하는 일에 흥미를 느끼고 현재까지도 계속 관련 일을 해오고 있습니다.

특히 피지컬 컴퓨팅 교육 분야에서 가장 유명한 교보재인 "아두이노"를 활용한 소프트웨어 교육은 코딩 분야를 경험하고 있는 선생님과 학생들이라면 익히 들어서 아실 겁니다. 아두이노와 관련된 책은 시중에 아주 많습니다. 예전에는 기초 LED 제어부터 시작해서 각 전자부품의 활용선에서 그친 책이 많았지만, 요즘은 재밌고 실용적인 프로젝트를 다루는 책들이 많이 나오고 있습니다.

저는 기본서 위주의 책 외에 독자 분들이 관심 있을 법한 응용 위주의 소프트웨어 콘텐츠를 주로 개발하고 집필했었습니다. 이번 2022년 임인년에 접어 들어 아두이노를 경험해 보신 분들이 가장 해보고 싶지만 어떻게 해야할지 몰라서 망설였던 분야를 다뤄보고자 했습니다. 그래서 그러한 분야 중 하나인 '통신'을 집중적으로 다룬 책을 출간하게 되었습니다.

아두이노를 처음부터 배우다 보면 아두이노를 이용하여 저 멀리 있는 곳까지 유, 무선 통신을 어떻게 할 수 있는지 궁금하고, 그렇게 해 볼 수 있으면 정말 신기할 텐데 라며 생각하는 사람이 많을 겁니다. 저도 학생들을 수년 동안 가르쳐 오면서 아두이노로 무선 통신(특히 블루투스, WiFi 통신) 프로젝트를 할 때 학생들의 교육 만족도가 높았던 걸로 기억합니다. 그리고 아두이노를 이용한 각종 공모전, 발명대회에서 가장 많이 사용하는 기술이 유선, 무선 통신입니다.

이 책은 아두이노를 조금이라도 경험해 보지 않은 사람이라도 실습을 진행해 볼 수 있도록 책 초반에 아두이노 프로그래밍의 기초에 대해 설명을 하면서 진행됩니다. 한 챕터씩 보시면서 따라하다 보면 아두이노를 이용한 나만의 멋진 통신 프로젝트를 만드실 수 있게 될 겁니다. 급변하는 IT 기술의 특성상 이 책에 도움이 될 만한 사항이나 수정된 기술에 대한 최신 업데이트는 저자의 유튜브, 블로그('이 책의 소개'에 표시)를 통해서 소통하도록 하겠습니다. "아두이노 통신 프로젝트"를 힘차게 시작해 보시길 바랍니다!

저자 우지윤

CONTENTS

CHAPTER 01

아두이노 개론 · 11

CHAPTER 02

유선 통신 · 37

CHAPTER 03

무선 통신 1 · 69

이 책의 소개

책 소개

「아두이노 통신 프로젝트」는 아두이노와 다양한 유/무선 통신 기술들을 활용해 완성도 높은 아두이노 프로젝트를 만드는 것을 목표로 합니다. 아두이노를 다루기 위한 코딩뿐 아니라 서버, 앱을 활용하여 다양한 방법으로 통신을 제어하는 방법을 배우실 수 있습니다.

'직접 만드는 재미'를 주고자 실습 중심의 내용을 구성했으며 빠르게 익히는 데 초점을 맞추었습니다. 따라서 자세하고 깊은 이론을 전달하기보다는 기본 지식을 간단히 이해하고 실습이나 추가적인 설명을 통해 필요한 설명을 보강하였습니다.

아두이노를 코딩한 경험이 조금이라도 있는 분이라면 이 책에 금방 익숙해지실 겁니다. 하지만 코딩을 경험해본 적 없는 분이라도 괜찮습니다. 아두이노 설치법, 컴퓨터와의 연동 및 사용 방법, 아두이노 기본 인터페이스, 코딩 방법을 초반에 알려드리니 책과 저자의 유튜브를 참고하면서 시작해 보실 수 있습니다.

대상 독자

- 기초 전자공작 및 코딩 경험이 있고, 단순 LED/센서 제어뿐 아니라 나만의 아이디어를 더해 실용적인 프로젝트를 만들어 보고 싶은 분
- 아두이노를 사용한 경험이 있고, 아이와 함께 색다른 프로젝트를 도전해 보고 싶은 분
- 아두이노를 사용한 경험, 코딩 경험 모두 없지만 재밌게 코딩을 시작하고 싶은 분

챕터 구성

CHAPTER 01 아두이노 개론

아두이노란 무엇인지 알아보고 아두이노를 제어하기 위해 필요한 하드웨어와 소프트웨어를 준비해 봅니다. 그리고 아두이노 프로그램을 코딩하기 위해 필요한 명령어와 문법의 기초를 실습을 통해 알아봅니다.

CHAPTER 02 유선 통신

아두이노를 이용한 대표적인 유선 통신들을 알아보고 실습을 진행합니다. 각 통신의 특징에 맞는 하드웨어를 연결하고 유선 통신 프로그램을 직접 코딩해 봅니다.

CHAPTER 03 무선 통신 1

무선 통신 첫 번째 내용으로, RF와 블루투스 무선 통신을 알아보고 실습을 진행합니다. 무선 통신의 이론을 이해한 후 각 통신의 특징에 맞는 하드웨어를 연결하고 무선 통신 프로그램을 직접 코딩해 봅니다.

CHAPTER 04 무선 통신 2

무선 통신 두 번째 내용으로, WiFi 무선 통신을 알아보고 실습을 진행합니다. WiFi 무선 통신에 필요한 기초 개념을 익힌 후 ESP8266 보드를 우리 집 WiFi 공유기에 접속시키는 방법부터 HTML과 Javascript로 웹 서버를 만들어 LED와 센서를 원격 제어하는 방법까지 다뤄 봅니다.

CHAPTER 05 유무선 통신을 이용한 아두이노 프로젝트

앞에서 다룬 유무선 통신 기술에 웹 서버, 앱 등 실생활에 유용한 기술을 더한 응용 프로젝트를 만들어 봅니다. 외부 IoT 플랫폼 또는 스마트폰 앱, Google의 Firebase라는 데이터베이스, Google Assistant를 접목한 다양한 스마트홈 프로젝트들을 만나볼 수 있습니다.

저자 블로그 및 유튜브 안내

브라우저 주소창에서 다음의 주소를 입력해 저자의 블로그와 유튜브로 들어갈 수 있습니다. 블로그를 통해 실습 파일을 다운로드할 수 있으며, 유튜브를 통해서는 스크래치나 아두이노를 이용한 프로젝트 영상을 만나 볼 수 있습니다.

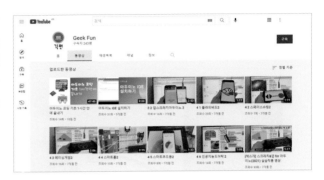

[저자 블로그] https://wooduino.tistory.com
[저자 유튜브] https://www.youtube.com/c/Wooduino

실습코드 및 참고자료 제공

저자 블로그를 통해 이 책의 참고자료 및 아두이노 실습코드를 제공합니다.

확인 문제

CHAPTER 01의 1.3절 그리고 CHAPTER 02~03의 각 실습 마지막에는 '확인 문제'를 수록했습니다. 확인 문제는 각 실습에서 어떤 기능을 추가하거나 변경하는 방식으로 활용해보는 코너입니다. 문제의 정답은 저자의 블로그에서 **책 〉 아두이노 통신 프로젝트 〉 003. 책 실습 예제&정답 코드**를 통해 확인해 보실 수 있습니다.

프로젝트 미리보기

다음의 그림들은 이 책에서 실습으로 만들 프로젝트들입니다. 어떤 주제의 작품을 만드는지 한눈에 확인해 보세요.

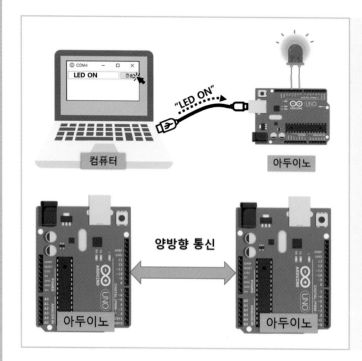

● **작품 설명**

CHAPTER 02. 유선 통신에서는 '컴퓨터와 아두이노', '아두이노와 아두이노' 간의 유선 통신을 주제로 프로젝트를 만듭니다. 통신 방법으로는 UART, I2C, SPI 유선 통신을 사용합니다. 내 컴퓨터에서 아두이노로 명령을 내리거나, 하나의 아두이노에서 다른 아두이노 보드로 데이터를 주고받는 프로젝트를 해보시면 다양한 아이디어를 추가해서 멋진 작품으로 발전시킬 수 있으실 겁니다.

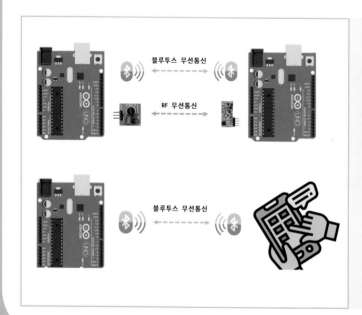

● **작품 설명**

CHAPTER 03. 무선 통신 1에서는 RF와 블루투스를 이용한 무선 통신 프로젝트를 만듭니다. 무선으로 전자기기를 제어한다는 것은 정말 흥미로운 일인데요. 두 대의 아두이노 간의 무선 통신뿐만 아니라, 내가 만든 스마트폰 앱으로 아두이노를 무선으로 제어하는 방법까지 경험하실 수 있습니다.

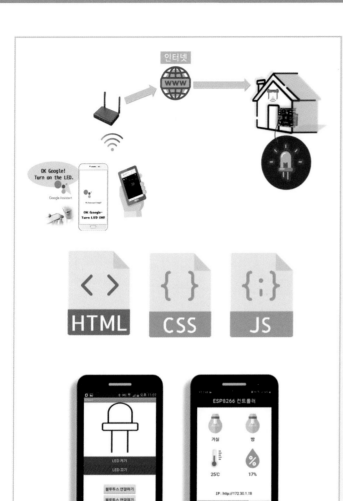

● 작품 설명

CHAPTER 04와 **CHAPTER 05**에서는 WiFi 인터넷 통신을 이용해 외부에서 집 안의 아두이노를 제어하는 프로젝트를 만듭니다. Adafruit라는 회사의 IoT 플랫폼을 이용해 쉽게 웹 페이지를 만들어 제어하기도 하고, IoT 플랫폼 자체를 코딩으로 만들어 직접 제어합니다.

우리 집 WiFi 공유기에 아두이노를 접속시키고, 나만의 웹과 앱을 만들어 IoT 장치를 사용하기 쉽게 업그레이드 해봅니다. 웹은 HTML/CSS/Javascript 언어를 이용해 직접 페이지를 만들고, 앱은 '앱 인벤터(App Inventor)'라는 플랫폼으로 직접 스마트폰 앱을 코딩하여 만들어 볼 것입니다.

또한 이렇게 만든 나만의 IoT 장치를 지구 반대편에서도 제어할 수 있도록 Firebase라는 데이터베이스를 적용해 보고, Google Assistant를 이용하여 목소리로 IoT 장치를 제어하는 프로젝트도 만들어 볼 것입니다.

마지막 그림은 이 책에서 만들게 될 웹과 앱의 모습입니다. 블루투스 무선 통신, WiFi 무선 통신을 이용하여 아두이노를 제어할 때 일반 사용자가 사용하기 편하려면 UI 화면을 이용하면 편리합니다. 따라서 이 책에서는 기존의 IoT 플랫폼을 이용해 UI 화면을 만들거나, 앱 인벤터를 사용하여 앱 화면을 직접 디자인하는 것까지 다뤄 봅니다.

아두이노 개론

아두이노란 무엇인지 알아보고 아두이노를 제어하기 위해 필요한 하드웨어와 소프트웨어를 준비해 봅니다. 그리고 아두이노 프로그램을 코딩하기 위해 필요한 명령어와 문법의 기초를 직접 실습을 통해 알아봅니다.

1.1 아두이노 소개

■ 아두이노란?

아두이노(Arduino)는 전기로 작동되는 제품을 만드는 데 쓰이는 소형 컴퓨터입니다. 전기밥솥, 세탁기, 에어컨, 블루투스 스피커 등의 전자제품들 속에는 아두이노 같은 소형 컴퓨터가 들어가고, 아두이노 속에는 특정 동작을 위한 컴퓨터 명령어가 저장되어 있습니다. 우리도 이러한 명령어를 조금만 공부해서 아두이노에 저장하고 약간의 전자부품만 연결해 준다면 일상생활 속의 전자제품뿐만 아니라 나의 아이디어를 접목한 새로운 발명품도 만들어 볼 수 있습니다.

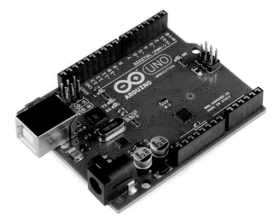

[그림 1.1.1] 아두이노 우노 보드

아두이노로 할 수 있는 것

상상의 나래를 조금 더 펼치면, 아두이노를 이용해 다음과 같은 멋지고 흥미로운 프로젝트도 해볼 수 있습니다.

- 날씨 정보를 체크하여 비가 올 경우 우산을 챙기라는 알람을 스마트폰으로 전송하는 날씨 알림 장치
- 카 시트에 앉은 아기의 체온, 몸 기울임 상태를 센서로 측정하여 운전 중인 부모의 스마트폰으로 실시간 전송하는 스마트 카 시트
- 약을 꼭 드셔야 하는 할머니를 위해 정해진 시간에 알람을 주고 정확한 알약 개수를 배출하는 스마트 알약통
- 어린이 버스에 아이가 혼자 남았는지 여부를 센서로 체크하여 운전자에게 알려주는 스마트 좌석 장치
- 시각 장애인의 지팡이에 거리 측정 센서를 달아 주변 물체의 위험을 알리고 심장 박동 센서와 기울기 센서로 응급상황을 감지하여 알림을 전송해주는 스마트 안전 지팡이

위의 아이디어들은 소프트웨어 대회에서 초, 중, 고 학생들이 제출한 것으로 전부 다 아두이노를 이용하여 만들었습니다. 이처럼 아두이노가 가진 멋진 기능에 나의 아이디어를 접목한다면 상상하는 대부분의 전자제품을 만들 수 있습니다.

나만의 멋진 프로젝트를 시작하기 위해 알아야 할 지식

아두이노에 나의 생각을 전달하여 작동하게 하려면 먼저 다음의 2가지를 공부해야 합니다.

> 1. **하드웨어 기술**: 적절한 전자부품(센서, 모터, LED 등)을 구매하여 아두이노에 전선으로 연결하기
> 2. **소프트웨어 기술**: C/C++ 프로그래밍 언어의 기초를 익혀서 아두이노를 명령어로 작동시키기

'1. 하드웨어 기술'에 대해서 하드웨어 초보자에게는 적절한 부품을 선택하는 것이 쉽지 않습니다. 그래서 이 책에서는 부품 선택의 부담을 덜고자 전자부품 구매 목록을 수록하였습니다. 이 구매 목록을 보고 부품을 구매하는 데 참고해 주시면 됩니다. 그리고 전자부품을 아두이노에 연결하는 기초적인 원리는 차후 실습을 진행할 때 그림을 활용해서 자세히 설명할 것입니다.

'2. 소프트웨어 기술'은 프로그래밍 언어를 잘 다룰 줄 아는 능력, 즉 코딩 실력이 필요합니다. 여러분이 코딩 실력을 키울 수 있도록 이 책에서는 기초 코딩 문법을 다루고, 별도로 저자의 유튜브 동영상 강의를 제공합니다. 책과 함께 유튜브 영상을 보면서 코딩을 따라하시면 1시간 안에 아두이노용 C/C++ 코딩 기초를 익히실 수 있습니다.

본래 이 책은 **통신** 기술을 중점적으로 다룹니다. 따라서 위 두 가지 지식을 익히며 아두이노 기본기를 다지고, 그다음 통신 기술을 더해 아두이노를 이용한 프로젝트의 수준을 높이는 것을 목표로 합니다. 자주 사용하는 유선/무선 통신 기술을 익히고, 요즘 핫한 사물 인터넷(IoT) 작품도 만들어 보실 수 있도록 내용을 구성하였습니다. 이 책을 통해 아두이노를 다루는 기술을 빠르게 익히고 나만의 멋진 프로젝트를 만들어 보세요!

1.2 아두이노 준비하기

아두이노 동작을 위해 필요한 하드웨어, 그리고 코딩을 위해 필요한 소프트웨어를 준비해 보겠습니다.

1.2.1 하드웨어 준비하기

아두이노 동작을 위해 필요한 하드웨어를 먼저 준비해 보도록 하겠습니다.

아래는 이 책의 실습에 맞는 아두이노 및 전자부품들에 대한 목록입니다. 저자의 블로그(https://wooduino. tistory.com)에 각 부품의 온라인 구매처 링크를 올려놓았으니 참고해 주세요.

> ● **아두이노 및 전자부품 온라인 구매처 확인**
> 저자의 블로그 상단 메뉴에서 **책 〉 아두이노 통신 프로젝트 〉 001.책 실습 부품 구매처**를 클릭

부품명	이미지	필요한 개수
– 아두이노 우노 보드 – USB AB 케이블		2 세트
– ESP8266 Wemos D1 R1 – USB 5핀 케이블		1 세트
전선(M/F)		1 세트
전선(M/M)		1 세트
전선(F/F)		1 세트

블루투스(HC-05)		2 개
Easy module shield v1		2 개
LCD (I2C)		1 개
433Mhz RF 송수신 모듈		1 세트 (송신기/수신기)

1.2.2 소프트웨어 준비하기

아두이노 코딩을 위해 필요한 소프트웨어를 설치해 보도록 하겠습니다.

01 ❶ 구글(Google) 검색 창에서 **arduino**라고 검색한 뒤, ❷ 첫 번째 검색 결과 부분을 클릭해서 아두이노 공식 홈페이지(www.arduino.cc)로 접속합니다.

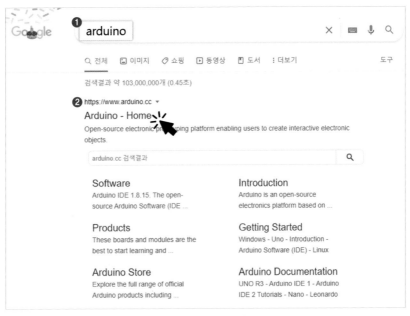

[그림 1.2.1] arduino 검색

02 아두이노 공식 홈페이지의 첫 화면에서 상단 메뉴 중 **SOFTWARE**를 클릭합니다.

[그림 1.2.2] arduino 홈페이지

03 아두이노 IDE를 다운받을 수 있는 화면이 나옵니다. 여기서는 여러분의 컴퓨터 운영체제(OS)에 맞는 걸로 클릭하여 다운받으면 됩니다. 윈도우의 경우에는 설치 버전(Win 7 and newer), 무설치 버전(ZIP file), 앱 버전(Win8.1 or 10)의 3가지가 있는데 이 책에서는 설치 버전으로 다운받아 진행하겠습니다.

[그림 1.2.3] Downloads

+ 개념 보충　　**IDE란?**

IDE는 통합개발환경(Integrated Development Enrvionment)의 약자로 코딩, 디버그(오류 고치기), 컴파일(기계 언어로 변환하기), 배포 등 프로그램 개발에 관련된 모든 작업을 하나의 환경에서 처리할 수 있게 만든 소프트웨어를 말합니다.

04 다음 화면에서 **JUST DOWNLOAD**를 클릭하여 아두이노 IDE 무료 버전을 다운받습니다.

[그림 1.2.4] JUST DOWNLOAD

05 다운받은 아두이노 설치 파일을 더블 클릭하여 설치를 시작합니다. 설치 시작 화면에서 **I Agree**를 클릭하여 넘어갑니다.

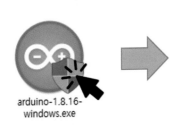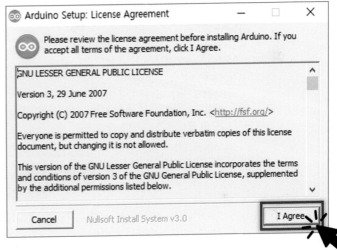

[그림 1.2.5] 설치 아이콘 클릭

06 다음 [그림 1.2.6]을 참고하면서 **Completed** 글자가 나타날 때까지 설치를 진행합니다.

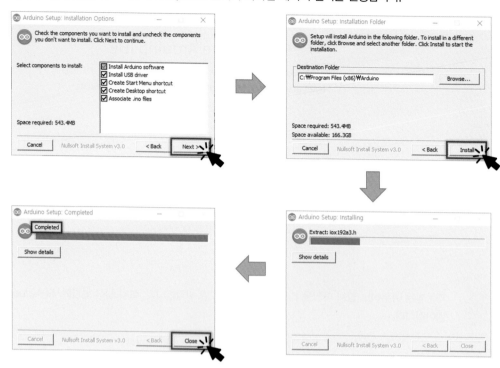

[그림 1.2.6] 설치하기

07 설치가 완료되면 바탕화면에 생긴 아두이노 아이콘을 더블 클릭하여 실행합니다. [그림 1.2.7]과 같이 아두이노 IDE가 나오면 올바르게 설치한 겁니다.

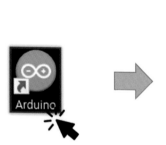

[그림 1.2.7] 아두이노 IDE 실행

아두이노 프로그램의 구조와 기본 문법을 알아보겠습니다. 아두이노를 다루는 데 필요한 소프트웨어 지식은 그리 많지 않습니다. 코딩하는 데 가장 기본이 되는 C/C++ 문법과 아두이노 특유의 함수들만 익히면 됩니다. 이 책에서 다루는 코딩 문법과 저자의 유튜브 강의를 함께 병행해서 보신다면 1시간 안에 기본적인 아두이노 코딩 학습을 마칠 수 있을 겁니다.

> ● **아두이노 코딩 기초 1시간 안에 끝내기 (저자의 유튜브 영상)**
> [해당 영상 링크] https://youtu.be/rVoKCj7bvgY

1.3.1 아두이노 코딩 문법

■ 아두이노 프로그램 구조

아두이노 IDE를 실행하면 첫 화면에 setup( ) 함수와 loop( ) 함수가 나타납니다.

아두이노 프로그램은 최초에 setup( ) 함수가 한 번 실행되고, 이후에 loop( ) 함수가 무한 반복 실행되는 구조로 되어 있습니다.

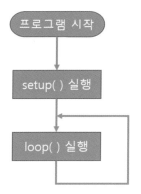

[그림 1.3.1] 아두이노 프로그램 순서도

> **+개념 보충** **함수**
>
> 아두이노 코딩을 할 때 자주 반복되는 명령어들이 있습니다. 이러한 명령어들을 편하게 사용하기 위해 함수를 사용합니다. 아두이노에 내장된 함수를 쓸 수도 있고, 사용자가 직접 함수를 작성해서 쓸 수 있기도 합니다(함수를 직접 만드는 경우는 1.3절의 '함수'에서 다룹니다).
>
> 특히 setup(), loop()는 아두이노에 내장된 함수로, 모든 아두이노 프로그램의 기본입니다. 두 함수를 아는 것이 아두이노 프로그램을 이해하는 첫 걸음입니다.

다음 [실습코드 1.3.1]의 내용을 참고하면서 아두이노 IDE의 실행 원리를 자세히 알아보겠습니다.

실습코드 1.3.1

아두이노 IDE를 실행하면 다음과 같은 모습으로 나타납니다. 각 줄마다 적힌 명령어 코드의 의미는 아주 중요하고 기본적인 개념입니다. 한 줄씩 코드 설명 (실습코드 1.3.1)을 꼭 이해하고 넘어가시길 바랍니다.

```
sketch_oct04a | 아두이노 1.8.16                        —  □  ×
파일 편집 스케치 툴 도움말

sketch_oct04a §
1  //실습코드 1.3.1
2  void setup() {
3    // put your setup code here, to run once:
4
5  }
6
7  void loop() {
8    // put your main code here, to run repeatedly:
9
10 }

8                                              Arduino Uno on COM3
```

■ **한 줄씩 코드 설명 (실습코드 1.3.1)**

2: setup( ) 함수는 아두이노의 전원을 켜거나 리셋(재실행)할 때마다 한 번만 실행됩니다. 이 함수에는 주로 초기 설정 코드(입출력 설정, 통신 설정 등)를 넣습니다. 코드는 중괄호 '{ }' 안에 넣어야 합니다. setup( ) 함수는 필수로 있어야 하기에, 없으면 에러가 발생합니다.

3: '//'는 주석 기호로, 이 기호를 쓰고 뒤에 적는 글자는 주석이라고 부릅니다. 주석은 컴퓨터가 명령어로 인식하지 않기 때문에 실행되지 않습니다. 주석을 적어 놓으면 나중에 헷갈리지 않고 코드를 바로 이해하는 데 도움이 됩니다.

7: loop( ) 함수는 setup( ) 함수가 종료된 후 시작되어 무한 반복이 되는 곳입니다. 주로 내가 목표로 하는 기능을 코드로 넣는 곳입니다. loop( ) 함수는 필수로 있어야 하기에, 없으면 에러가 발생합니다.

예를 들어 아두이노로 자판기 프로그램을 만든다면, 버튼과 센서의 초기 상태를 setup( ) 함수에서 설정하고, 돈을 감지하여 물건을 밖으로 내보내는 기능을 loop( ) 함수에 넣습니다.

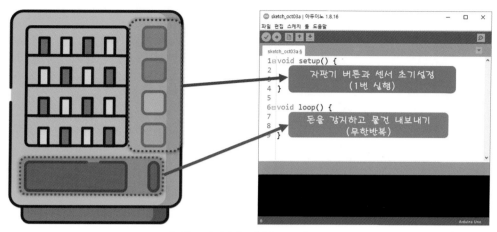

[그림 1.3.2] 아두이노 자판기 프로그램 구조

확인 문제 1.3.1

다음 중 옳은 것은?

① setup( ) 함수는 생략해도 된다.

② 주석은 컴퓨터가 실행하는 부분이다.

③ loop( ) 함수는 무한 반복되어 실행된다.

④ setup( ) 함수와 loop( ) 함수는 동시에 실행된다.

⑤ setup( ) 함수는 무한 반복되어 실행된다.

▶ 모든 확인 문제의 정답은 저자의 블로그에서 확인해 보세요! (자세한 주소는 앞의 '이 책의 소개'를 참조)

■ 숫자와 글자 저장하기

아두이노는 C언어의 데이터 유형을 따릅니다. 여기에서 데이터라는 것은 -1, 100, 3.14 같은 숫자와 'apple' 같은 문자를 말하며, 데이터 유형은 정수, 실수, 문자, 문자열로 나뉩니다. 센서로 측정한 온도나 습도의 상태를 내가 원하는 대로 다루고 싶다면, 아두이노에서 데이터를 저장하고 다시 꺼내어 사용할 수 있어야 합니다. 이때 데이터를 저장하는 공간인 **변수**를 이용합니다.

```
int data = 1;
```

[그림 1.3.3] 변수

변수의 사용법

물건의 종류를 구분해서 상자에 넣고 필요할 때 빼듯이, 변수를 이용하면 다양한 유형의 데이터를 저장하고 사용할 수 있습니다. 다음의 설명을 참고해 변수의 사용법을 익혀 보세요.

목적	사용 방법	설명
하나의 정수를 저장하기	int data = 1;	▶ int : 정수 데이터라는 뜻입니다. ▶ data : 저장 공간의 이름으로서 '변수 이름'이라고 합니다. 변수 이름은 정해진 것이 아니므로 자유롭게 작성할 수 있습니다. ▶ data = 1 : 정수 1을 data에 저장합니다. ▶ ; (세미콜론) : 항상 마지막에 세미콜론을 찍어 명령어의 끝부분임을 알 수 있게 해줍니다(세미콜론을 안 하면 에러 발생함).
하나의 실수를 저장하기	float data = 3.14;	▶ float : 실수 데이터라는 뜻입니다. ▶ data = 3.14 : 실수 3.14를 data에 저장합니다.
하나의 문자를 저장하기	char data = 'A';	▶ char : 문자 데이터라는 뜻입니다. ▶ data = 'A': 문자 'A'를 data에 저장합니다.
하나의 단어를 저장하기	String data = "Hello";	▶ String : 문자열 데이터라는 뜻입니다. ▶ data = "Hello": 'Hello' 문자열을 data에 저장합니다. (문자열: 문자가 여러 개 나열된 것)

실습코드 1.3.2

```
1  // 실습코드1.3.2
2  void setup() {
3    Serial.begin(9600); // 시리얼 통신준비
4    int n1 = 10;         // 정수형 변수
5    float n2 = 3.14;     // 실수형 변수
6    char n3 = 'W';       // 문자형 변수
7    String n4 = "arduino is easy.";// 문자열 변수
8    Serial.println(n1);  // 변수n1 출력
9    Serial.println(n2);  // 변수n2 출력
10   Serial.println(n3);  // 변수n3 출력
11   Serial.println(n4);  // 변수n4 출력
12 }
13
14 void loop() {
15
16 }
```

실행 결과

시리얼 모니터 🔍

⬇

```
10
3.14
W
arduino is easy.
```

지금 단계에서 아두이노의 코딩 결과를 눈으로 확인하려면 시리얼 모니터를 이용하는 것이 가장 편리합니다. 나중에 CHAPTER 02에서 시리얼 모니터에 대해 자세히 배우겠지만, 코딩 실습 확인을 위하여 이 부분에서 시리얼 통신을 잠시 사용하도록 하겠습니다.

다음의 **아두이노 코드 업로드 방법**를 참고해 [실습코드 1.3.2]를 아두이노 보드에 업로드하고, 실행 결과를 확인하기 위해 **시리얼 모니터** 버튼을 눌러 보세요.

● 아두이노 코드 업로드 방법

내가 작성한 코드를 아두이노에 저장하면, 아두이노는 그 코드를 실행하여 어떤 일을 하게 됩니다. 아두이노에 나의 코드를 저장하는 작업을 **업로드**라고 부릅니다.

코드를 아두이노에 업로드 하는 방법은 '(1) 툴/포트 확인' 과 '(2) 업로드 실행' 두 가지로 나뉩니다.

(1) 툴/포트 확인

USB 케이블을 이용하여 아두이노 보드를 컴퓨터에 연결한 다음, 아두이노 IDE 상단 메뉴에서 **툴** 버튼을 클릭하여 아래의 2가지 사항을 클릭해 줍니다.

- **보드 선택**: 툴 〉 보드 〉 Arduino Uno 클릭
- **포트 선택**: 툴 〉 포트 〉 COM숫자 (Arduino Uno) 클릭

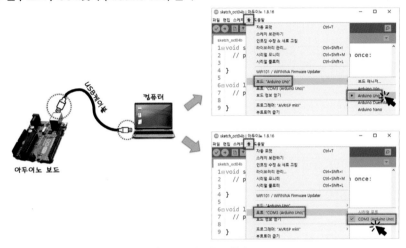

[그림 1.3.4] 툴/포트 확인

위와 같은 설정을 해야 아두이노와 컴퓨터가 서로 데이터를 주고받을 수 있는 통신을 할 수 있습니다(최초에 한 번만 클릭하면 됩니다).

(2) 업로드 실행

툴/포트 확인 후, 아래 그림에 표시된 것처럼 **업로드** 버튼을 눌러 내가 작성한 코드를 아두이노로 업로드 하세요. 업로드가 완료된 후 시리얼 모니터를 여는 방법까지 아래 그림에 나타나 있습니다(만약 코드 업로드 시 에러가 난다면 '(1) 툴/포트 확인'을 다시 해보세요).

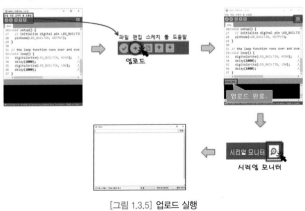

[그림 1.3.5] 업로드 실행

3: 아두이노와 컴퓨터 간에 데이터를 주고받을 수 있는 **시리얼 통신** 기능을 준비하는 명령어입니다. 시리얼 통신에 대한 자세한 내용은 CHAPTER 02에서 확인하실 수 있습니다.

4~7: 각 데이터 유형에 따른 변수를 만든 부분입니다.

8~11: 시리얼 통신을 이용하여 아두이노에서 컴퓨터로 데이터를 보내는 명령어입니다. 이 코드를 업로드 한 다음에 시리얼 모니터를 열면 변수값 n1~n4 의 값을 모니터에서 확인할 수 있습니다.

확인 문제 1.3.2

다음 중 틀린 것은?

① int는 '정수 데이터'라는 뜻이다. ② ;(세미콜론)은 생략해도 된다.

③ float은 '실수 데이터'라는 뜻이다. ④ char는 문자 하나를 저장할 때 쓴다.

⑤ String은 문자열 데이터이다.

■ **연산자**

우리가 수학 시간에 배웠던 사칙연산(+, -, ×, ÷)과 부등호(⟨, ⟩, ≤ 등) 등의 여러 가지 연산자를 아두 이노에서 사용할 수 있습니다.

[그림 1.3.6] 연산

연산자의 사용법

아두이노 코딩에서는 사칙연산, 크기 비교 외에도 다양한 연산을 사용합니다. 그리고 어떤 연산자들의 표기법은 수학에서 사용한 표기법과 다르기도 합니다. 다음의 설명을 참고해 연산자의 사용법을 익혀 보세요.

목적	사용 방법	설명

두 개의 숫자
사칙연산
	`int a = 1;`
	`int b = a + 2;`
	`int c = a - 1;`
	`int d = a * 2;`
	`int e = d / 2;`
		▶ `int a = 1` : 변수 a에 1을 저장합니다.
		▶ `int b = a + 2` : 변수 b에 a + 2를 저장합니다. 즉, a가 1이기 때문에 1+2의 결과인 3이 변수 b에 저장됩니다.
		▶ `int c = a - 1` : 변수 c에 a−1를 저장합니다.
		▶ `int d = a * 2` : 변수 d에 a×2를 저장합니다. 곱하기 명령어는 *을 사용합니다.
		▶ `int e = d / 2` : 변수 e에 d÷1을 저장합니다. 나누기 명령어는 /를 사용합니다.
		(/는 몫 연산자, %는 나머지 연산자입니다.)

두 개의 숫자
크기 비교
	`int a = 1;`
	`int b = 2;`
	`int c, d;`
	`c = b > a;`
	`d = a >= b;`
		▶ `c = b > a` : b가 a보다 큰 값인지 비교하는 코드입니다. 2는 1보다 크므로 'b 〉 a'는 참입니다. 따라서 참을 의미하는 숫자 1이 변수 c에 저장됩니다.
		▶ `d = a >= b` : a가 b보다 크거나 같은지 비교하는 코드입니다. '1 〉= 2'는 거짓이므로 거짓을 의미하는 숫자 0이 변수 d에 저장됩니다.
		▶ 숫자의 크기 비교를 하는 데 사용되는 부등호의 연산 결과는 1(참), 0(거짓) 중에 하나로 나타납니다.

두 개의 데이터가
같은지 다른지
비교하기
	`int a = 1;`
	`int b = 1;`
	`char c = 'A';`
	`char d = 'K';`
	`int r1, r2;`
	`r1 = a == b;`
	`r2 = c != d;`
		▶ `r1 = a == b` : 변수 a와 b가 서로 같은 값(==)인지 비교하는 코드입니다. 두 변수의 값은 서로 같기 때문에 숫자 1(참)이 변수 r1에 저장됩니다.
		▶ `r2 = c != d` : 변수 c와 d가 서로 다른 값(!=)인지 비교하는 코드입니다. 두 변수는 서로 다르기 때문에 숫자 1(참)이 변수 r2에 저장됩니다.

논리 연산	`int a = 5;`
	`int b = 3;`
	`int c, d;`
	`c = a > 0 && a < 3;`
	`d = a > 0 || b < 0;`
		▶ `c = a > 0 && a < 3` : &&는 AND 논리 연산자입니다. &&의 왼쪽과 오른쪽에 오는 값이 모두 참이면 결과가 1(참)이 되고, 왼쪽과 오른쪽 중 하나라도 거짓이면 결과가 0(거짓)이 됩니다. 여기서는 a 〉 0이 참, a 〈 3이 거짓이므로 결과는 0(거짓)이 되고, 이 값이 변수 c에 저장됩니다.
		▶ `d = a > 0 || b < 0` : ||은 OR 논리 연산자입니다. ||의 왼쪽과 오른쪽에 오는 값 중에 하나만 참이어도 결과가 1(참)이 되고, 둘 다 거짓이면 결과는 0(거짓)이 됩니다. 여기서는 a 〉 0는 참, b 〈 0는 거짓이므로 결과는 1(참)이 되고, 이 값이 변수 d에 저장됩니다.

업로드 버튼을 눌러 다음의 코드를 아두이노 보드에 업로드한 후, 실행 결과를 눈으로 확인할 수 있도록 **시리얼 모니터** 버튼을 클릭해 주세요.

업로드 방법 및 시리얼 모니터 여는 방법은 [실습코드 1.3.2]의 **아두이노 코드 업로드 방법**을 참고해 주세요.

```
1  // 실습코드1.3.3
2  void setup() {
3    Serial.begin(9600); // 시리얼통신 준비
4    int a = 1;           // 정수형 변수
5    int b = 2;
6    int r1,r2,r3,r4;
7
8    r1 = a + b;          // 더하기
9    r2 = b - a;          // 빼기
10   r3 = a > b;          // 크기비교
11   r4 = a > 0 && b < 10; // AND논리연산
12   Serial.println(r1);  // 시리얼모니터 출력
13   Serial.println(r2);
14   Serial.println(r3);
15   Serial.println(r4);
16 }
17
18 void loop() {
19
20 }
```

실행 결과

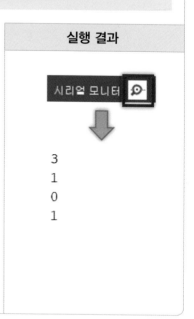

```
3
1
0
1
```

▣ **한 줄씩 코드 설명 (실습코드 1.3.3)**

8: 정수형 변수 a의 값 1과 변수 b의 값 2를 더하고, 그 결과값인 3을 변수 r1에 저장합니다.

9: 변수 b에서 a를 뺀 결과값인 1을 변수 r2에 저장합니다.

10: a가 b보다 큰지 따져보는 코드입니다. a는 b보다 큰 값이 아니므로 '거짓'을 의미하는 값 0이 변수 r3에 저장됩니다.

11: AND 논리 연산(&&)은 왼쪽과 오른쪽에 오는 값이 모두 참(1)이면 결과는 1이 됩니다. a > 0도 참이고, b < 10도 참이므로 결과는 참이 되어 변수 r4에는 1이 저장됩니다.

확인 문제 1.3.3

다음 중 옳은 것은?

① 아두이노의 곱하기 명령어는 X이다.　② 아두이노의 나누기 명령어는 //이다.

③ '~와 같다' 명령어는 = 이다.　④ 비교의 결과가 참이라면 1이 된다.

⑤ 비교의 결과가 거짓이라면 -1이 된다.

■ 조건문

자동차를 타고 도로를 주행하다가 여러 갈래의 길이 나오면 하나의 길을 선택하여 가야 합니다. 아두이노 프로그램에서도 여러 갈래 중 하나를 선택해서 실행하는 문법으로 **조건문**이 있습니다.

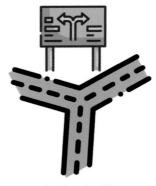

[그림 1.3.7] 조건문

조건문의 사용법

조건문을 이용하면 어떤 조건이 참인지 거짓인지를 따져서 내가 원하는 부분의 명령어만 실행할 수 있습니다. 아래의 설명을 참고해 조건문의 사용법을 익혀 보세요.

목적	사용 방법	설명

하나의 조건이 참인지 따지기	```int a = 1;```
	```String text;```
	```if(a > 0) {```
	``` text = "plus";```
	```}```
		▶ if(a > 0) : 변수 a가 0보다 크면(참이면) 중괄호{ } 안으로 들어와 변수 text에 'plus'라는 글자를 저장합니다. 0보다 크지 않으면(거짓이면) 중괄호 { }를 건너뜁니다.

하나의 조건이 참/거짓일 때 각각 어떤 동작을 시키기(둘 중에 하나 선택하기)	```int a = 1;```
	```String text;```
	```if(a > 0) {```
	``` text = "plus";```
	```}```
	```else {```
	``` text = "no plus";```
	```}```
		▶ if(a > 0) ~ else : 변수 a가 0보다 크면 if의 중괄호 { } 안으로 들어와 변수 text에 'plus'라는 글자를 저장합니다. 0보다 크지 않으면 else 괄호 { } 안으로 들어와 변수 text에 'no plus'라는 글자를 저장합니다.

| 여러 조건 중 참인 것 하나만 실행하기 | <pre>int a = 80;
char b;
if(a > 90) {
    b = 'A';
}
else if(a > 80) {
    b = 'B';
}
else if(a > 70) {
    b = 'C';
}
else {
    b = 'D'
}</pre> | ▶ else if 조건문은 여러 가지 조건을 따질 때 사용하며, 이 예시처럼 else if를 여러 개 추가할 수도 있습니다. 모든 else if의 조건이 거짓이면 else 부분이 실행됩니다.

▶ if(a > 90) ~ else if(a > 80) ~ else if(a > 70) : 변수 a의 값이 90보다 크면 변수 b에 문자 'A'를 저장합니다. a가 90 이하이면서 80보다 크면 b에 문자 'B'를 저장합니다. a가 80 이하이면서 70보다 크면 b에 문자 'C'를 저장하고, 위의 모든 경우가 거짓이면 else의 중괄호 { }로 들어와 'D'를 저장합니다.

▶ 정리하자면 if ~ else if ~ else 구문은 조건이 참인 부분 하나만 실행되고 나머지는 조건을 따지지 않고 벗어나게 합니다. |

실습코드 1.3.4

업로드 버튼을 눌러 다음의 코드를 아두이노 보드에 업로드한 후, 실행 결과를 눈으로 확인할 수 있도록 **시리얼 모니터** 버튼을 클릭해 주세요.

```
1  // 실습코드 1.3.4
2  void setup() {
3    Serial.begin(9600); // 시리얼통신 준비
4    int a = 1;
5    String text;
6
7    if(a > 0) {         // 만약 a가 0보다 크면
8      text = "plus";   // 변수text에 plus 저장
9    }
10   else if(a < 0){     // 만약 a가 0보다 작으면
11     text = "minus"; // 변수text에 minus 저장
12   }
13   else {              // 위의 경우가 모두 거짓이면
14     text = "zero";   // 변수text에 zero 저장
15   }
16   Serial.println(text); // 시리얼모니터에 출력
17 }
18
19 void loop() {
20
21 }
```

실행 결과
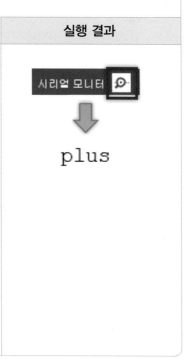

▣ 한 줄씩 코드 설명 (실습코드 1.3.4)

7~9: 만약 변수 a가 0보다 크면 변수 text에 'plus'라는 문자를 저장합니다. 여기서는 'a > 0'가 참이기 때문에 plus라는 문자를 저장하게 됩니다.

10~12: 'a > 0'가 거짓이면 10번 줄로 와서 a가 0보다 작은지 검사합니다. 10번 줄의 결과는 거짓이기 때문에 else if의 중괄호 { }로 들어가지 않습니다.

13~15: 'a > 0'과 'a < 0' 모두 거짓이면 13번 줄로 오게 됩니다. 여기서는 'a > 0'가 참이므로 13번 줄은 실행되지 않습니다.

16: 시리얼 통신을 이용해 변수 text에 저장된 문자를 컴퓨터로 보냅니다. 컴퓨터의 시리얼 모니터에서 text의 값을 확인할 수 있습니다.

확인 문제 1.3.4

컴퓨터 과목 성적의 등급이 다음과 같을 때, 어떤 변수에 컴퓨터 과목의 성적값을 저장하여 등급을 시리얼 모니터에 출력해 주는 프로그램을 만들어 보세요. (성적의 범위는 0~100)

- 성적이 90 이상, 100 이하이면 등급이 A
- 80 이상 89 이하이면 등급이 B
- 70 이상 79 이하이면 등급이 C
- 69 이하이면 등급이 D

■ 반복문

사람이 하던 일을 컴퓨터에게 시키는 여러 가지 이유 중에 하나가 바로 **반복**입니다. 컴퓨터는 전기만 공급된다면 무한 반복으로 일을 할 수 있습니다. 아두이노 프로그램에서도 어떤 반복적인 작업을 위해서 사용하는 문법으로 **반복문**이 있습니다.

[그림 1.3.8] 반복문

반복문의 사용법

반복문은 목적에 따라 while( ), for( )로 나누어 사용하며, 소괄호 안에는 반복하는 데 필요한 조건을 넣습니다. 다음의 설명을 참고해 반복문의 사용법을 익혀 보세요.

목적	사용 방법	설명
여러 번 반복하기 1	```int a = 0;int b = 1;while(a < 10) { b *= 2; // b = b * 2 a++; // a = a + 1}```	▶ while(조건)에서 '조건'이 참이면 while의 중괄호 { } 안을 계속 반복하고, '조건'이 거짓이면 중괄호 { }를 벗어납니다. 이 경우에는 a가 10보다 작으면 b *= 2 (b에 2를 곱하여 그 결과를 변수 b에 저장하기)를 실행한 후, a++ (a에 1을 더하여 그 결과를 변수 a에 저장하기)를 실행합니다. 이 반복 작업은 a가 10 이상이 되는 순간 멈추게 됩니다.
여러 번 반복하기 2	```int b = 1;for(int a = 0; a < 10; a++) { b *= 2;}```	▶ 위 while 반복문과 실행 결과는 같으면서 더 짧은 문장으로 쓸 수 있는 for 반복문입니다. 변수 a = 0부터 시작하여 a++(a를 1씩 증가)를 시작하는데, 'a < 10'이 참이면 중괄호 { } 안으로 들어가 실행을 하고, 'a < 10'이 거짓이면 중괄호 { }를 벗어납니다.

실습코드 1.3.5

업로드 버튼을 눌러 다음의 코드를 아두이노 보드에 업로드한 후, 실행 결과를 눈으로 확인할 수 있도록 **시리얼 모니터** 버튼을 클릭해 주세요.

```
1  // 실습코드 1.3.5
2  void setup() {
3    Serial.begin(9600); // 시리얼통신 준비
4    for(int i = 0; i < 5; i++) { // 5번 반복
5      Serial.println(i); // 변수 i값 출력
6    }
7  }
8
9  void loop() {
10
11 }
```

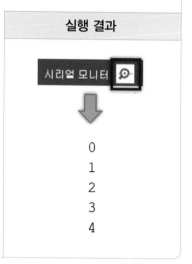

실행 결과

시리얼 모니터

0
1
2
3
4

▣ 한 줄씩 코드 설명 (실습코드 1.3.5)

4~6: for 반복문을 이용하여 변수 i 값을 시리얼 모니터에 출력하는 것을 총 5번 반복하는 코드입니다. i++ (1씩 증가 명령어) 때문에 한 번 반복할 때마다 i값이 1씩 커집니다. 따라서 시리얼 모니터에 출력되는 값은 0 ~ 4입니다.

확인 문제 1.3.5

for 반복문을 이용해서 'Hello World'라는 글자를 시리얼 모니터에 총 10번 출력하는 프로그램을 만들어 보세요.

■ 함수

같은 코드를 여러 영역에서 빈번하게 사용한다면 이 코드를 함수로 만들어 사용하는 것이 편리합니다. 예를 들어 두 개의 숫자를 더한 결과를 알려주는 코드를 여러 영역에서 사용한다면, 이를 'add'라는 이름의 함수로 만들어 사용할 수 있습니다.

[그림 1.3.9] 함수

함수의 사용법

함수는 매개변수와 반환값의 유무에 따라 사용법이 조금씩 다릅니다. 아래의 설명을 참고해 함수의 사용법을 익혀 보세요.

목적	사용 방법	설명
매개변수와 반환값이 존재하는 함수	```void loop() { int a; a = add(1,2); } int add(int x, int y) { int z; → 매개변수 z = x + y; return z; } → 반환값```	▶ a = add(1,2) : loop( ) 함수에서 add(1,2)라는 함수를 실행하면 'int add(int x, int y)'가 실행됩니다. ▶ int add(int x, int y) : x와 y라는 정수형 변수를 매개변수로 하는, add 함수를 실행합니다. 변수 x에는 1, 변수 y에는 2가 전달되어 변수 z에는 두 값을 더한 값인 3이 저장됩니다. 그리고 return이 실행되면 add( ) 함수는 종료되며 반환값(return)을 가지고 다시 add(1,2) 위치로 돌아오게 됩니다. 따라서 여기서는 반환값인 z를 변수 a에 저장하게 됩니다. 최종적으로 변수 a에 3이 저장됩니다. (반환값이 정수일 경우 함수 이름 앞에 int라고 적습니다.)

| 매개변수와
반환값이 없는
함수 | ```void setup() {
  Serial.begin(9600);
  hello();
}
void loop() {

}
void hello() {
  for(int i = 0; i < 3; i++){
    Serial.println("Start");
  }
}``` | ▶ hello() : setup( ) 함수에서 hello( )라는 함수를 실행하면 'void hello( )'가 실행됩니다.

▶ void hello() : 이 함수는 반환값 없이 'Start'라는 글자 출력만 3번 반복하는 코드입니다.
(반환값이 없으면 함수 이름 앞에 void라고 적습니다.) |

실습코드 1.3.6

업로드 버튼을 눌러 다음의 코드를 아두이노 보드에 업로드한 후, 실행 결과를 눈으로 확인할 수 있도록 **시리얼 모니터** 버튼을 클릭해 주세요.

```
1  // 실습코드 1.3.6
2  void setup() {
3    Serial.begin(9600); // 시리얼통신 준비
4    int a = 37;
5    Serial.print(check_num(a)); // 함수실행
6  }
7
8  void loop() {
9
10 }
11
12 String check_num(int num) {
13   String text;
14   if(num % 2 == 0) {  // 짝수이면
15     text = "even";
16   }
17   else {              // 홀수이면
18     text = "odd";
19   }
20   return text;     // text 반환
21 }
```

실행 결과
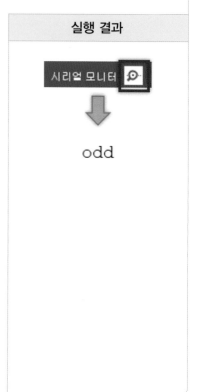

odd

□ **한 줄씩 코드 설명 (실습코드 1.3.6)**

5: check_num 함수를 실행하여 그 반환값을 시리얼 모니터에 출력하는 코드입니다.

12~21: check_num 함수의 몸이 되는 부분으로, 변수 num이 짝수(even)인지 홀수(odd)인지 판단해 변수 text에 글자를 저장하고 반환(return)합니다(정수를 2로 나누었을 때 나머지가 0이면 짝수이므로, 나머지 연산자 %를 사용하여 num % 2 == 0를 조건으로 설정했습니다).

여기서는 변수 a의 값 37을 2로 나눈 결과를 판단하면, 나머지가 0이 아니므로 'odd'라는 문자열을 반환하게 됩니다.

확인 문제 1.3.6

[확인 문제 1.3.4]에서 만든 프로그램을 함수로 만들어 실행해 보세요.

컴퓨터 과목 성적의 등급이 다음과 같을 때, 어떤 변수에 컴퓨터 과목의 성적값을 저장하여 등급을 시리얼 모니터에 출력해 주는 프로그램을 만들어 보세요. (성적의 범위는 0~100)

- 성적이 90 이상, 100 이하이면 등급이 A
- 80 이상 89 이하이면 등급이 B
- 70 이상 79 이하이면 등급이 C
- 69 이하이면 등급이 D

■ 배열

변수에는 하나의 데이터만 저장할 수 있습니다. 많은 데이터를 저장하고자 변수를 많이 만들면 필요한 변수를 찾기 불편할 수도 있습니다. 그럴 때는 배열을 만들면 여러 개의 데이터를 모아서 저장할 수 있어 사용하기 편합니다.

[그림 1.3.10] 배열

배열의 사용법

같은 유형의 데이터라면 배열을 이용해 저장하고 사용할 수 있습니다. 배열은 여러 데이터를 **순서**에 맞춰 저장하기 때문에 **인덱스(index)**라는 개념이 있습니다. 아래의 설명을 참고해 배열의 사용법을 익혀 보세요.

목적	사용 방법	설명

배열 만들고
사용하기
	``void setup() {
	  int a[3] = {1,2,3};
	  a[0] = -1;
	  int b = a[0] + a[1] +
	a[2];
	}```
		▶ int a[3] = {1,2,3} : 배열은 '데이터 유형 + 배열 이름[총 데이터 수]' 형태로 만듭니다. 이 예시에서는 정수형(int) 배열 a를 만들었고 총 3개의 값을 저장할 수 있습니다. 이 배열에는 1, 2, 3이 저장된 상태이며 a[0] = 1, a[1] = 2, a[2] = 3으로 표현할 수 있습니다.
		
		▶ int b = a[0] + a[1] + a[2] : 배열에는 '순서'가 있습니다. 배열을 사용할 땐 대괄호 [ ]에 순서를 나타내는 숫자인 '인덱스(index)'를 이용하며, 인덱스는 0부터 시작합니다.
		예시의 a[0], a[1], a[2]는 각각 배열 a의 첫 번째, 두 번째, 세 번째 데이터를 의미합니다.
		(※ 위의 int a[3]에서 대괄호 안의 값은 인덱스가 아니라 배열에 들어가는 데이터 수(또는 배열의 크기)를 의미합니다. 배열을 만들 때, 사용할 때 대괄호 안의 값의 의미는 각각 다릅니다.)

배열값 바꾸기	```void setup() {
	  int arr[3];
	  for(int i = 0; i < 3; i++)
	{ arr[i] = random(1,11);
	  }
	}```
		▶ 정수 3개를 저장할 수 있는 배열 arr을 만들고, for 반복문을 이용해서 1 ~ 11 사이의 랜덤한 정수를 arr에 저장합니다.
		(참고로 random( ) 함수는 아두이노의 내장 함수입니다. random(시작값, 마지막값) 형태로 사용합니다.)

실습코드 1.3.7

업로드 버튼을 눌러 다음의 코드를 아두이노 보드에 업로드한 후, 실행 결과를 눈으로 확인할 수 있도록 **시리얼 모니터** 버튼을 클릭해 주세요..

```
1  // 실습코드 1.3.7
2  void setup() {
3    randomSeed(analogRead(0)); // 랜덤함수 설정
4    Serial.begin(9600); // 시리얼통신 준비
5    int arr[3];
6
7    for(int i = 0; i < 3; i++) {
8      arr[i] = random(1,11); // 배열에 랜덤값 저장
9      Serial.println(arr[i]); // 배열 출력
10   }
11 }
12
13 void loop() {
14
15 }
```

실행 결과

```
5
3
6
```

■ **한 줄씩 코드 설명 (실습코드 1.3.7)**

3: random( ) 함수를 사용하기 위해 설정하는 코드입니다.

5: 정수 3개를 저장할 수 있는 arr이라는 배열을 만들고 값을 저장하지는 않았습니다.

7~10: for 반복문으로 3번의 반복을 합니다. random(1,11)은 1~10 사이의 랜덤한 숫자를 뽑는 코드입니다. 이렇게 뽑은 숫자는 arr[0], arr[1], arr[2]에 각각 저장됩니다. 그리고 어떤 숫자가 배열에 저장되었는지 시리얼 모니터로 보기 위해 Serial.println()을 사용했습니다.

확인 문제 1.3.7

배열 arr[5] = {1,2,3,4,5}를 만들고 for 반복문을 이용하여 arr 배열의 각 요소를 1씩 증가시켜 주세요. 그리고 증가된 arr 배열의 각 요소값을 시리얼 모니터에 출력해 보세요.

1.3.2 아두이노 명령어 문법

아두이노 전용으로 사용하는 명령어는 아주 많이 있습니다. 여기서는 그중에서도 반복 사용하는 빈도가 높은 기본 명령어를 우선 소개합니다. 이외의 특별한 명령어들은 실습에서 실제로 사용하게 될 때 설명하도록 하겠습니다.

* 아두이노 명령어에 대한 자세한 설명은 저자의 유튜브를 참고해 주시길 바랍니다.

분류	명령어	설명
디지털 입력/출력	`pinMode(pin, mode);`	입력 또는 출력 상태로 동작하도록 핀(pin)을 설정하는 명령어
	`digitalRead(pin);`	디지털 핀의 상태값을 읽는 명령어
	`digitalWrite(pin, value);`	디지털 핀으로 전기가 흐르거나 못 흐르게 할 수 있는 명령어
아날로그 입력/출력	`analogRead(pin);`	아날로그 핀의 상태값을 읽는 명령어
	`analogWrite(pin, value);`	아날로그 값(PWM)을 핀에서 발생시키는 명령어
시간	`delay(ms);`	프로그램을 일시 중지시키는 명령어
	`millis();`	프로그램을 시작한 이후 경과된 시간을 반환하는 명령어

유선 통신

아두이노를 이용한 유선 통신에 대해 알아보고 다양한 실습을 진행해 봅니다. 유선 통신의 대표로 UART, I2C, SPI 통신의 이론을 이해하고 각 통신의 특징에 맞는 하드웨어 연결을 해봅니다. 그리고 단방향, 양방향 통신 프로그램을 직접 코딩하여 실습해 봄으로써 유선 통신에 대한 이해도를 높여 자신의 프로젝트에 응용해 볼 수 있는 자신감을 가지실 수 있을 겁니다.

시리얼 통신(Serial Communication)이란 컴퓨터 기기 사이에서 송신(Transmit)과 수신(Receive), 2개의 데이터 선을 이용하여 한 번에 한 비트(bit)씩 데이터를 전송하는 통신 방법을 말합니다(비트(bit)는 데이터를 나타내는 최소 단위로서 0 또는 1의 조합으로 구성됩니다).

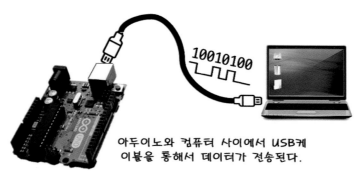

[그림 2.1.1] 시리얼 통신

프로그램을 아두이노 보드에 업로드하는 과정 역시 시리얼 통신을 사용합니다. 아두이노 보드는 디지털 핀 0번(Rx)과 1번(Tx)을 시리얼 통신 하드웨어와 연결하거나 USB 케이블을 연결해서 시리얼 통신을 할 수 있습니다(이 책에서는 USB 케이블을 연결해 시리얼 통신을 진행합니다).

+개념 보충 | **디지털 핀 0과 1을 이용한 시리얼 통신 시 주의할 점**

참고로 디지털 핀 0과 1은 시리얼 통신 또는 디지털 입출력 용도로 사용됩니다. 만약 이 핀들을 이용해 시리얼 통신을 한다면, 두 핀에 다른 전자 부품을 연결하지 않아야 합니다. 시리얼 통신이 아니라 단순 디지털 입출력으로 인지하기 때문에 프로그램 업로드 시 에러가 발생하게 됩니다.

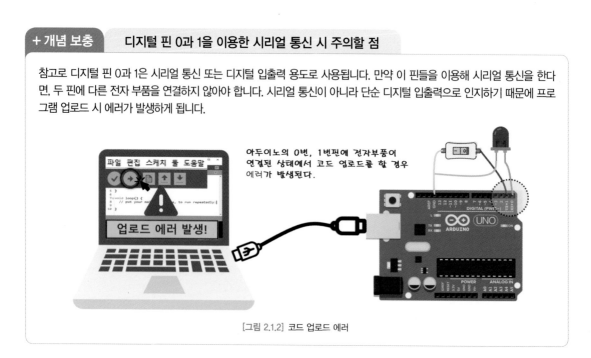

[그림 2.1.2] 코드 업로드 에러

아두이노에 많이 사용되는 시리얼 통신 종류로는 UART, I2C, SPI 통신이 있습니다. 이번 절에서는 UART 통신을 사용해 보도록 하겠습니다(이후 2.2, 2.3절에서 I2C, SPI 통신 실습을 다룹니다).

실습 1 **아두이노에서 컴퓨터로 데이터 보내기**

- **실습 목표**: UART 시리얼 통신을 이용해 아두이노에서 컴퓨터로 데이터를 전송해 봅시다.

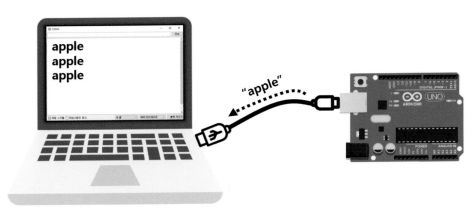

[그림 2.1.3] 시리얼 통신(아두이노 to 컴퓨터)

- **하드웨어 준비**: 다음 그림과 같이 Easy module shield를 아두이노 보드에 맞춰서 꽂습니다. 그리고 USB 케이블을 이용해서 아두이노를 컴퓨터와 연결합니다.

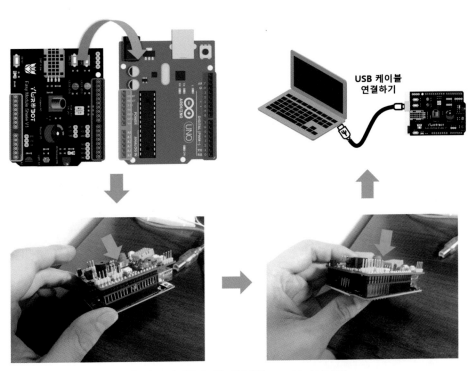

[그림 2.1.4] 아두이노 우노 보드에 Easy module shield 꽂기

다음의 코드를 아두이노 보드에 업로드한 후, 앞의 [그림 2.1.4]와 같이 Easy module shield를 아두이노 보드 위에 꽂아 줍니다. Easy module shield를 사용하면 아두이노에 전선과 부품을 별도로 연결하지 않고 편리하게 사용할 수 있습니다.

코드 업로드와 하드웨어 연결을 마쳤으면 시리얼 모니터를 열어 실행 결과를 확인해 봅니다.

업로드 방법 및 시리얼 모니터 여는 방법은 [실습코드 1.3.2]에 설명한 **아두이노 코드 업로드 방법**을 참고해 주세요.

실습코드 2.1.1

```
1  //실습코드 2.1.1
2  #define SW1        2    // 2번핀 스위치
3
4  int swState = -1;      // 스위치 상태값
5
6  void setup() {
7    Serial.begin(9600); // 시리얼통신 준비
8    pinMode(SW1, INPUT); // 스위치 입력준비
9  }
10
11 void loop() {
12   int sw1 = digitalRead(SW1); // 스위치 상태읽기
13   if(sw1 == 0 && swState == -1) { // 스위치가 눌리면
14     swState = 1;                    // 스위치 상태값 1
15     Serial.println("switch is pressed.");
16   }
17   if(sw1 == 1 && swState == 1) {  // 스위치가 안 눌리면
18     swState = -1;                   // 스위치 상태값 -1
19     Serial.println("switch is released");
20   }
21 }
```

하드웨어 작동 방법 & 실행 결과

코드 업로드 후, **SW1 D2** 스위치를 손으로 눌렀다 뗐을 때 시리얼 모니터에 글자가 나타나는지 확인합니다.

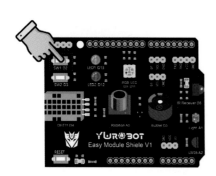

시리얼 모니터

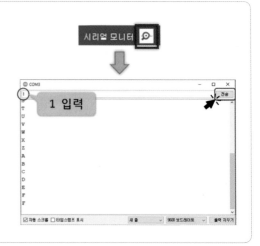

1 입력

▣ 한 줄씩 코드 설명 (실습코드 2.1.1)

2: 디지털 2번 핀을 의미하는 숫자 '2' 대신에 'SW1'이라는 문자를 사용하는 코딩 문법을 사용했습니다. 나중에 코드 업로드 버튼을 누를 때 'SW1'이라는 글자가 숫자 '2'로 자동으로 바뀌게 됩니다(이런 문법을 **매크로**라고 부르며, 반복되는 숫자를 이해하기 쉬운 문자로 바꿀 때 주로 사용합니다. 여기에서는 숫자 '2'만 봤을 때 무슨 의미인지 파악하기 어려워, 스위치 1번이라는 의미인 'SW1' 문자로 바꾸는 매크로로 코딩을 했습니다).

4: swState는 스위치의 상태를 저장할 변수로, 스위치가 눌렸을 때는 1, 안 눌렸을 때는 −1이 저장될 것입니다(우선 처음은 스위치가 눌리지 않은 상태이므로 −1을 저장했습니다).

7: 아두이노와 컴퓨터 간의 시리얼 통신을 시작하기 위한 **준비** 명령어입니다. 9600은 통신 속도(baud rate)를 나타내는 값인데, 숫자가 클수록 빠른 속도를 의미합니다. 이 실습에서는 시리얼 통신을 이용하여 아두이노에서 컴퓨터로 문자 데이터를 전송할 것이므로 이 **준비** 명령어가 꼭 먼저 실행되어야 합니다.

8: 아두이노의 디지털 2번(SW1) 핀을 입력(INPUT) 상태로 만드는 명령어입니다. Easy module shield의 스위치(SW1)는 아두이노의 디지털 2번 핀에 연결되어 있고, 스위치를 사용할 때는 해당 핀을 입력 상태로 만들어야 합니다.

12: 아두이노에 연결된 스위치의 상태값(눌렸는지/안 눌렸는지)을 읽어 들이는 명령어입니다. digitalRead(핀 번호)를 이용하여 스위치의 상태를 읽고, 스위치가 눌렸으면 0, 안 눌렸으면 1 값을 내보냅니다. 그리고 이 값을 정수형 변수 sw1에 저장합니다.

13: 스위치가 안 눌린 상태(swState = −1)에서 갑자기 손으로 눌러 스위치가 눌린 상태로 변했는지(sw1 = 0) 검사하는 명령어입니다.

14~15: 스위치를 눌렀다면, swState = 1(스위치 누름을 의미)로 변경하고 Serial.println을 이용하여 "switch is pressed."라는 문자 데이터를 내 컴퓨터로 전송합니다(문자 데이터는 시리얼 통신을 이용하여 전송됩니다).

17: 스위치가 눌린 상태(swState = 1)에서 손을 떼어 스위치가 안 눌린 상태로 변했는지(sw1 = 1)를 검사하는 명령어입니다.

18~19: 스위치를 안 눌렀다면, swState = −1(스위치 누르지 않음을 의미)로 변경하고 Serial.println을 이용하여 "switch is released."라는 문자 데이터를 내 컴퓨터로 전송합니다.

Easy module shield에는 다양한 전자부품들이 내부적으로 연결되어 있습니다. 어떤 전자부품들이 있고, 각각 아두이노의 몇 번 핀에 연결되는지 아래의 그림과 설명을 참고하며 확인해 보세요.

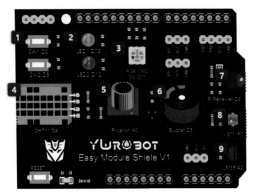

[그림 2.1.5] Easy module shield 전체 그림

1 스위치: 아두이노의 디지털 2번, 3번 핀에 각각 연결되는 스위치입니다.

2 LED: 아두이노의 디지털 13번(파란색), 12번(빨간색) 핀에 각각 연결되는 LED입니다.

3 RGB LED: 아두이노의 디지털 9 ~ 11번 핀에 연결되는 컬러 LED입니다. LED 빛의 모든 색깔을 명령어로 만들 수 있습니다.

4 온습도 센서: 아두이노의 디지털 4번 핀에 연결되는 센서로, 온도와 습도를 동시에 측정할 수 있고 모델명은 DHT11입니다.

5 가변저항: 아두이노의 아날로그 0번 핀에 연결되는 센서로, 좌우로 돌리는 정도에 따라 저항값이 변합니다. 이 값은 아두이노에서 읽어낼 수 있습니다.

6 부저: 아두이노의 디지털 5번 핀에 연결해 소리를 발생시킬 수 있는 장치입니다.

7 적외선 수신 장치: 아두이노의 디지털 6번 핀에 연결해 외부의 적외선 신호를 받는 (수신) 장치입니다.

8 빛 센서: 아두이노의 아날로그 1번 핀에 연결되는 센서로, 주변 빛의 양을 측정할 수 있습니다.

9 온도 센서: 아두이노의 아날로그 2번 핀에 연결되는 온도 센서입니다.

Serial.begin(9600)이라는 명령에서 괄호 안에 들어가는 값은 시리얼 통신의 속도를 의미하고 그 단위는 baud rate입니다. 시리얼 통신을 할 때는 시리얼 모니터에서의 통신 속도값과 Serial.begin 명령에 입력한 값이 일치해야 합니다.

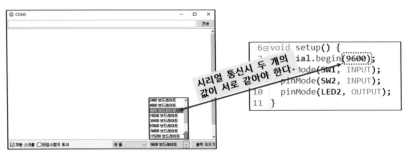

[그림 2.1.6] 시리얼 통신 시 통신 속도값 일치시키기

다음 두 조건을 모두 만족하는 하나의 아두이노 프로그램을 코딩해 보세요.

- Easy module shield의 SW1 D2 버튼을 누르면 "SW1 is pressed", 버튼에서 손을 떼면 "SW1 is released"가 시리얼 모니터에 출력된다.
- Easy module shield의 SW2 D3 버튼을 누르면 "SW2 is pressed", 버튼에서 손을 떼면 "SW2 is released"가 시리얼 모니터에 출력된다.

실습 2 **컴퓨터에서 아두이노로 데이터 보내기**

- **실습 목표**: UART 시리얼 통신을 이용하여 컴퓨터에서 아두이노로 데이터를 전송해 봅시다.

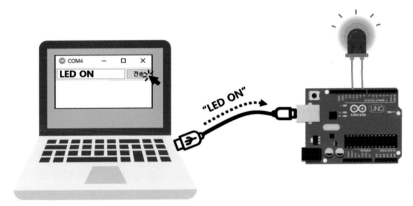

[그림 2.1.7] 시리얼 통신(컴퓨터 to 아두이노)

- **하드웨어 준비**: Easy module shield를 꽂은 아두이노 보드를 컴퓨터와 USB 케이블로 연결합니다(방법은 [실습 1] 의 [그림 2.1.4]와 동일).

```
1  // 실습코드 2.1.2
2  #define LED1  13      // 13번핀 LED1
3
4  int led1State = 0;  // LED1 상태값
5
6  void setup() {
7    Serial.begin(9600);      // 시리얼통신 준비
8    pinMode(LED1, OUTPUT);   // LED1 출력준비
9  }
10
11 void loop() {
12   if(Serial.available() > 0) {  // 시리얼통신으로 입력된 데이터가 있는지?
13     char input = Serial.read(); // 시리얼통신의 입력 데이터 읽어 input에 저장
14     if(input == '1') {          // input값이 문자 1인가?
15       led1State = 1;            // 변수led1State 를 1로 수정
16     }
17     else if(input == '2') {     // input값이 문자 2인가?
18       led1State = 0;            // 변수led1State 를 2로 수정
19     }
20   }
21
22   digitalWrite(LED1, led1State);  // LED1을 켜거나 끄기
23 }
```

하드웨어 작동 방법 & 실행 결과

[실습코드 2.1.2]를 업로드한 후, 시리얼 모니터 상단의 입력창에 숫자 '1'를 쓰고 전송했을 때 Easy module shield의 파란색 LED가 켜지는지 확인해 봅니다. 그리고 숫자 '2'를 입력하고 전송했을 때 파란색 LED가 꺼지는지 확인해 봅니다.

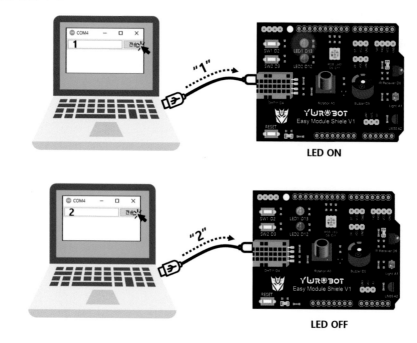

LED ON

LED OFF

▣ 한 줄씩 코드 설명 (실습코드 2.1.2)

2: 디지털 13번 핀에 연결된 파란색 LED를 제어하기 위해 '13'이라는 숫자 대신에 'LED1'이라는 문자를 사용하는 매크로 선언입니다.

4: 파란색 LED가 켜지면 1, 파란색 LED가 꺼지면 0을 LED 상태값으로 저장하기 위한 LED 상태 변수입니다. LED의 상태를 변수로 만들어 놓으면 나중에 LED를 켜거나 끌 때 편하게 사용할 수 있는 장점이 있습니다.

7: 시리얼 통신을 준비하는 코드입니다. 이 실습코드에서는 시리얼 통신을 이용해 내 컴퓨터에서 아두이노 쪽으로 데이터를 전송할 예정입니다.

8: LED1(13번 핀 파란색 LED)을 출력 모드(OUTPUT)로 만드는 코드입니다. LED1(13번 핀)를 출력 모드 (OUTPUT)로 설정해야 아두이노에서 LED쪽으로 전기가 발생(출력)되어 LED가 켜질 수 있습니다.

12: 내 컴퓨터에서 아두이노 쪽으로 입력된 데이터가 있는지 검사하는 코드입니다.

13: 시리얼 모니터에 입력한 데이터를 아두이노로 가져와 읽고 문자형 변수 input에 저장하는 코드입니다.

14~16: 변수 input에 저장된 문자가 1이면 led1State = 1로 설정하는 코드입니다. led1State = 1이면 LED가 켜지는 경우입니다.

17~19: 변수 input에 저장된 문자가 2이면 led1State = 2로 설정하는 코드입니다. led1State = 2이면 LED가 꺼지는 경우입니다.

22: 실제로 LED를 켜거나 끄는 코드입니다. digitalWrite(핀 번호, 상태값) 명령어에서 **핀 번호**에 LED1을 넣었고, **상태값**에 led1State 변수값을 넣었습니다. led1State = 1이면 13번 핀(LED1)으로 전기가 발생되어 13번 핀에 물리적으로 연결된 파란색 LED가 켜지게 됩니다. 반대로 led1State = 0이면 13번 핀으로 전기가 발생되지 않아서 파란색 LED가 꺼지게 됩니다.

+ 개념 보충　　**아두이노 프로그램에서 1과 0의 의미**

아두이노 프로그램에서 1과 0은 단순히 데이터로 쓰일 뿐만 아니라 특별한 의미를 가지기도 합니다.

1: 논리적으로는 참을 의미하고, 전기적 신호로는 ON을 의미합니다.
0: 논리적으로는 거짓을 의미하고, 전기적 신호로는 OFF를 의미합니다.

확인 문제 2.1.2

다음 두 조건을 모두 만족하는 하나의 아두이노 프로그램을 코딩해 보세요.

• 시리얼 모니터에서 '3'을 전송하면 Easy module shield의 LED2 D12(빨간색 LED)가 켜진다.
• 시리얼 모니터에서 '4'를 전송하면 Easy module shield의 LED2 D12(빨간색 LED)가 꺼진다.

두 개의 아두이노로 데이터 주고받기

- **실습 목표**: UART 시리얼 통신을 이용해 두 하드웨어 간에 데이터를 주고받아 보겠습니다. 하드웨어로는 아두이노 우노 보드 2개, Easy module shield 2개를 사용합니다.

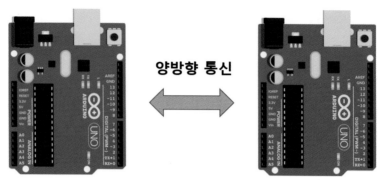

[그림 2.1.8] 2개의 아두이노 시리얼 양방향 통신

- **하드웨어 준비**: 두 아두이노 보드에 각각 Easy module shield를 꽂아 주세요.

실습코드 2.1.3   Arduino_1

```
1  // 실습코드 2.1.3 - Arduino_1 코드
2
3  #define LED1  13     // 13번핀 파란 LED
4  #define SW1   2      // 2번핀 스위치
5
6  int sw1State = -1;  // Arduino_1 스위치 상태변수
7
8  void setup() {
9    Serial.begin(9600);    // 시리얼 통신준비
10   pinMode(LED1, OUTPUT);  // 파란LED 출력모드
11   pinMode(SW1, INPUT);    // 스위치 입력모드
12 }
13
14 void loop() {
15   int sw1 = digitalRead(SW1);   // Arduino_1 스위치 상태값 읽기
16   if(Serial.available() > 0) {  // 시리얼통신으로 입력된 데이터가 있는지?
17     char from_Arduino_2 = Serial.read();  // Arduino_2에서 Arduino_1로 전송된
18     if(from_Arduino_2 == '3') {    // 데이터가 '3'이면
19       digitalWrite(LED1, HIGH);   // 파란LED 켜기
20     }
21     else if(from_Arduino_2 == '4') {  // 데이터가 '4'이면
22       digitalWrite(LED1, LOW);    // 파란LED 끄기
23     }
24   }
25
26   if(sw1 == 0 && sw1State == -1) {  // 스위치가 눌리면
27     sw1State = 1;                   // 스위치 상태값 1
28     Serial.print('1');             // Arduino_2로 '1' 보내기
29   }
30   else if(sw1 == 1 && sw1State == 1) {  // 스위치가 안 눌리면
31     sw1State = -1;                  // 스위치 상태값 -1
32     Serial.print('2');             // Arduino_2로 '2' 보내기
33   }
34 }
```

```
1  // 실습코드 2.1.3 - Arduino_2 코드
2
3  #define LED2  12    // D12번핀 빨간 LED
4  #define SW2   3     // 3번핀 스위치
5
6  int sw2State = -1;  // Arduino_2 스위치 상태변수
7
8  void setup() {
9    Serial.begin(9600);    // 시리얼 통신 준비
10   pinMode(LED2, OUTPUT);  // 빨간LED 출력모드
11   pinMode(SW2, INPUT);    // 스위치 입력모드
12 }
13
14 void loop() {
15   int sw2 = digitalRead(SW2);   // Arduino_2 스위치 상태 읽기
16   if(Serial.available() > 0) {  // 시리얼통신으로 입력된 데이터가 있는지?
17     char from_Arduino_1 = Serial.read();  // Arduino_1에서 Arduino_2로 전송된 데이터 읽기
18     if(from_Arduino_1 == '1') {     // 데이터가 '1'이면
19       digitalWrite(LED2, HIGH);   // 빨간LED 켜기
20     }
21     else if(from_Arduino_1 == '2') {  // 데이터가 '2'이면
22       digitalWrite(LED2, LOW);        // 빨간LED 끄기
23     }
24   }
25
26   if(sw2 == 0 && sw2State == -1) {  // 스위치가 눌리면
27     sw2State = 1;                  // 스위치 상태값 1
28     Serial.print('3');             // Arduino_1로 데이터 '3' 보내기
29   }
30   else if(sw2 == 1 && sw2State == 1) {  // 스위치가 안 눌리면
31     sw2State = -1;                      // 스위치 상태값 -1
32     Serial.print('4');                  // Arduino_1로 데이터 '4' 보내기
33   }
34 }
```

[실습코드 2.1.3_Arduino_1]를 아두이노 보드에 업로드하고, [실습코드 2.1.3_Arduino_2]는 다른 아두이노 보드에 업로드해야 합니다. 아두이노 보드에 코드를 업로드하는 방법은 다음을 참고해 주세요.

(1) [실습코드 2.1.3_Arduino] 업로드 방법

아두이노 보드를 컴퓨터에 연결하고 아두이노 IDE 메뉴에서 다음의 사항을 꼭 체크해야 합니다.

- **보드 선택: 툴 〉 보드 〉 Arduino Uno 클릭**
- **포트 선택: 툴 〉 포트 〉 COMx (Arduino Uno) 클릭** (x는 임의의 숫자를 의미)

위 두 가지 사항을 선택한 후 아두이노 보드에 코드를 업로드해야 됩니다.

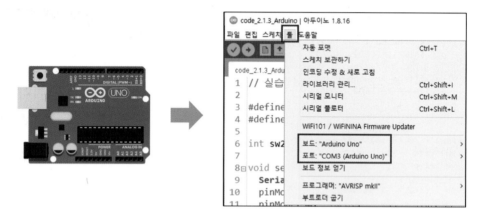

만약 아두이노 우노 보드를 하나씩 업로드하지 않고, 2개를 동시에 컴퓨터에 연결했다면 **포트: COMx (Arduino Uno)** 의 'x'에 해당하는 숫자값이 아두이노 우노 보드마다 다를 겁니다. 이럴 때는 다음 그림과 같이 각 보드에 맞는 COMx 포트를 선택한 후 업로드 버튼을 눌러야 합니다.

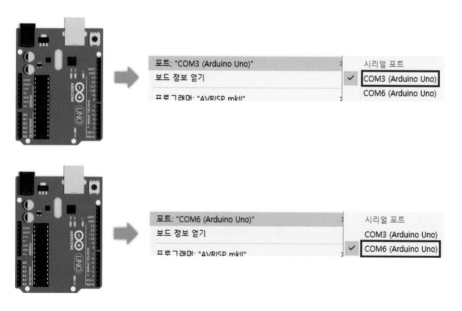

(2) 실행 결과

두 아두이노 우노 보드에 각각 코드를 업로드했으면, 시리얼 통신을 하기 위해 전선을 연결합니다. 전선(F/F)을 이용하여 다음 그림과 같이 TXD, RXD, GND를 연결해 주세요(TXD와 RXD는 교차 연결해야 합니다).

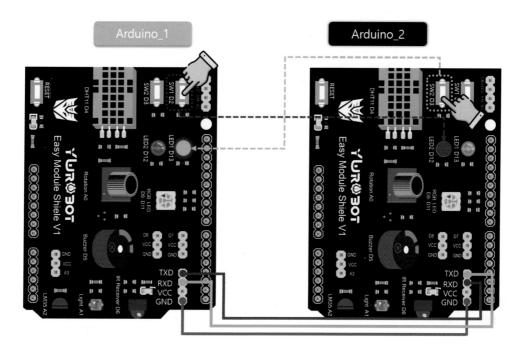

TXD는 시리얼 통신의 데이터 송신(보내기) 핀, RXD는 시리얼 통신의 데이터 수신(받기) 핀입니다. GND는 접지 역할을 하는 핀입니다. 전기공학적으로 두 하드웨어 보드의 전압 기준을 통일하기 위해 서로 연결해 주어야 합니다.

전선 연결이 완료되면, Arduino_1 보드에 연결된 Easy module shield의 'SW1' 스위치를 눌러서 Arduino_2 보드의 Easy module shield에 빨간색 LED가 켜지는지 확인해 보세요. 그리고 Arduino_2 보드의 'SW2' 스위치를 눌러서 Arduino_1 보드의 Easy module shield에 파란색 LED가 켜지는지 확인해 보세요.

▣ 한 줄씩 코드 설명 (실습코드 2.1.3_Arduino_1)

3: 아두이노 우노의 디지털 13번 핀에 연결된 파란 LED 매크로 선언 코드입니다.

4: 아두이노 우노의 디지털 2번 핀에 연결된 스위치 매크로 선언 코드입니다.

6: 아두이노 우노의 디지털 2번 핀 스위치의 상태값을 저장할 변수입니다.

9: 두 아두이노 우노 보드 간의 시리얼 통신을 준비하는 코드로, 통신 속도를 9600 baud rate로 설정했습니다.

10: 파란 LED를 출력 모드로 설정하는 코드입니다.

11: 스위치를 입력 모드로 설정하는 코드입니다.

15: 스위치의 상태값을 읽어 변수 sw1에 저장하는 코드입니다.

16~24: Arduino_2 보드로부터 전송된 데이터를 Aruino_1 보드에서 읽어 변수 from_Arduino_2에 저장합니다. 이 변수값이 3이면 파란색 LED를 켜고, 4이면 파란색 LED를 끄는 코드입니다.

26~34: 2번 핀 스위치를 눌렀다면 Serial.print( ) 명령어를 이용하여 데이터 '1'을 Arduino_2 보드로 전송하고, 스위치를 누르지 않았다면 데이터 '2'를 전송하는 코드입니다.

▣ 한 줄씩 코드 설명 (실습코드 2.1.3_Arduino_2)

3: 아두이노 우노의 디지털 12번 핀에 연결된 빨간 LED 매크로 선언 코드입니다.

4: 아두이노 우노의 디지털 3번 핀에 연결된 스위치 매크로 선언 코드입니다.

6: 아두이노 우노의 디지털 3번 핀 스위치의 상태값을 저장할 변수입니다.

9: 두 아두이노 우노 보드 간의 시리얼 통신을 준비하는 코드로, 통신 속도를 9600 baud rate로 설정했습니다.

10: 빨간 LED를 출력 모드로 설정하는 코드입니다.

11: 스위치를 입력 모드로 설정하는 코드입니다.

15: 스위치의 상태값을 읽어 변수 sw2에 저장하는 코드입니다.

16~24: Arduino_1 보드로부터 전송된 데이터를 Arduino_1 보드에서 읽어 변수 from_Arduino_1에 저장합니다. 이 변수값이 1이면 빨간 LED를 켜고, 2이면 빨간 LED를 끄는 코드입니다.

26~34: 3번 핀 스위치를 눌렀다면 Serial.print( ) 명령어를 이용하여 데이터 '3'을 Arduino_1 보드로 전송하고, 스위치를 누르지 않았다면 데이터 '4'를 전송하는 코드입니다.

+개념 보충　　HIGH와 LOW

두 실습코드의 19, 22번 줄에 쓰인 HIGH, LOW는 전압 신호를 의미합니다. 아두이노 보드의 디지털 핀에 HIGH 신호를 주면 5V(또는 3.3V), LOW 신호를 주면 0V의 전압을 출력합니다.

확인 문제 2.1.3

다음 조건을 모두 만족하는 프로그램을 코딩해 보세요.

(두 아두이노 우노 보드는 각각 Easy module shield가 연결된 상태이다.)

- 2개의 아두이노 중 하나는 Arduino_1, 다른 하나는 Arduino_2라고 지칭한다.
- Arduino_1의 SW1 스위치를 누르면 Arduino_2의 LED2(빨간색 LED)가 켜진다.
- Arduino_1의 SW2 스위치를 누르면 Arduino_2의 LED2(빨간색 LED)가 꺼진다.
- Arduino_2의 SW1 스위치를 누르면 Arduino_1의 LED1(파란색 LED)이 켜진다.
- Arduino_2의 SW2 스위치를 누르면 Arduino_1의 LED1(파란색 LED)이 꺼진다.

2.2 I2C 통신

I2C 통신이란 Inter-Intergrated Circuit의 약자로서 네덜란드의 필립스(PHILIPS)라는 회사에서 개발한 동기식 시리얼 통신입니다. I2C 통신은 복잡한 센서값들을 처리해야 되는 경우, 센서 모듈에서 어떤 계산을 한 후 아두이노에 계산의 결과값만 전달해 주는 방식으로 많이 이용됩니다.

I2C 통신의 하드웨어 연결 방법은 [그림 2.2.1]과 같습니다.

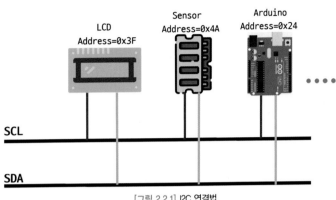

[그림 2.2.1] I2C 연결법

I2C 통신은 SDA(Serial Data)와 SCL(Serial Clock), 서른 다른 역할의 두 전선만 있으면 통신이 가능합니다. 그리고 위 [그림 2.2.1]처럼 전선 2개만으로 여러 기기를 제어할 수 있어서 핀 수가 적은 아두이노 우노 보드의 단점을 극복할 수 있습니다. 그리고 시리얼 통신은 두 개의 장치 간의 통신에 적합하지만, I2C는 여러 장치를 동일한 통신 라인(SCL, SDA)에 구동할 수 있습니다. 다만 통신 속도가 100 kbit/s(초당 100k 비트) 정도로 느린 편에 속합니다.

[그림 2.2.2]에서 나와 있듯이, I2C 통신은 하나의 Master 기기와 다수의 Slave 기기가 연결될 수 있습니다 (Master 기기는 Slave 기기를 제어하는 역할을 합니다). 이 책의 실습에서는 Master가 아두이노에 해당되고, Slave는 LCD 모듈이나 또 다른 아두이노가 해당됩니다. 하나의 Master가 단 두 개의 전선을 이용하여 여러 개의 Slave와 통신할 수 있는 이유는 한 번에 하나의 Slave와 통신하는 것을 빠르게 순환시키기 때문입니다. 각 Slave마다 주소값을 정해서 특정 주소의 Slave와 통신을 빨리 끝내고, 다음 Slave와 통신을 이어가는 동작을 계속 반복하기 때문에 사람이 느끼기에는 여러 개의 Slave 장치들이 동시에 동작되는 것처럼 보입니다. 다음 [그림 2.2.2]와 같이 Slave 기기에는 고유한 주소값이 할당될 수 있고 최대 128개의 장치를 연결할 수 있습니다.

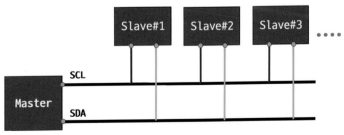

[그림 2.2.2] 마스터, 슬레이브

● I2C LCD를 제어하기 위한 외부 라이브러리 설치

이 책의 I2C 통신 실습에는 LCD를 이용할 것이므로 I2C 통신을 위한 별도의 LCD 라이브러리가 필요합니다. 다음을 참고해 I2C LCD 라이브러리를 아두이노 IDE에 추가해 주세요.

01 **저자의 블로그**(https://wooduino.tistory.com)의 메뉴에서 **책 〉 아두이노 통신 프로젝트**로 갑니다.

02 **002. 책 실습 참고자료 다운로드**를 클릭해서 I2C LCD 라이브러리를 다운받습니다.

03 아두이노 IDE를 실행하여 아래 그림처럼 **ZIP 라이브러리 추가**를 클릭합니다.

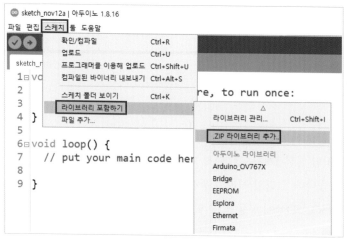

[그림 2.2.3] ZIP 라이브러리 추가

04 저자 블로그에서 다운받은 라이브러리(LiquidCrystal_I2C.zip)를 선택하면 라이브러리가 정상적으로 설치된 것입니다.

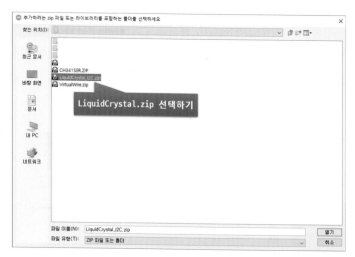

[그림 2.2.4] LiquidCrystal 라이브러리 선택하기

코딩에 필요한 라이브러리를 설치했다면, 이제 I2C 통신을 실습해 보도록 하겠습니다.

실습 1 I2C 통신을 위해 아두이노에 연결된 LCD 주소값 찾기

- **실습 목표**: 아두이노 우노에 연결된 LCD의 주소값을 알아낼 수 있습니다.
- **하드웨어 준비**: 다음 그림과 같이 LCD를 아두이노 우노에 연결합니다. 그리고 USB 케이블을 이용해서 아두이노를 컴퓨터에 연결합니다.

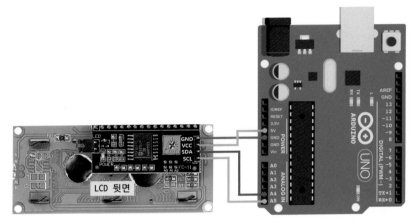

[그림 2.2.5] 아두이노 우노와 LCD 연결하기

[실습코드 2.2.1]는 아두이노 IDE의 예제 프로그램입니다. 다음 그림과 같이 **파일 〉 예제 〉 Wire 〉 i2c_scanner**를 클릭하여 가져오면 됩니다.

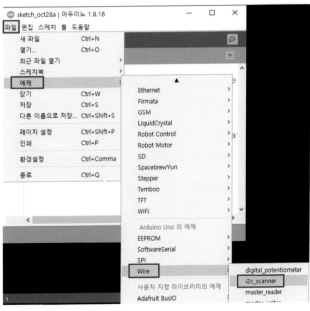

[그림 2.2.6] I2C 스캐너 프로그램 가져오기

실습코드 2.2.1

```
1  //실습코드 2.2.1
2  #include <Wire.h>
3  void setup() {
4    Wire.begin();
5    Serial.begin(9600);
6    while (!Serial); // Leonardo: wait for serial monitor
7    Serial.println("\nI2C Scanner");
8  }
9
10 void loop() {
11   int nDevices = 0;
12   Serial.println("Scanning...");
13   for (byte address = 1; address < 127; ++address) {
14     Wire.beginTransmission(address);
15     byte error = Wire.endTransmission();
16     if (error == 0) {
17       Serial.print("I2C device found at address 0x");
18       if (address < 16) {
19         Serial.print("0");
20       }
21       Serial.print(address, HEX);
22       Serial.println("  !");
23       ++nDevices;
24     } else if (error == 4) {
25       Serial.print("Unknown error at address 0x");
26       if (address < 16) {
27         Serial.print("0");
28       }
29       Serial.println(address, HEX);
30     }
31   }
32   if (nDevices == 0) {
33     Serial.println("No I2C devices found\n");
34   } else {
35     Serial.println("done\n");
36   }
37   delay(5000); // Wait 5 seconds for next scan
38 }
```

실행 결과

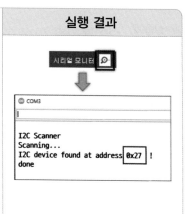

I2C Scanner
Scanning...
I2C device found at address 0x27 !
done

■ **한 줄씩 코드 설명 (실습코드 2.2.1)**

* 슬레이브 장치의 주소값만 알아내는 것이 목적이므로 자세한 코드 설명은 생략합니다.

('Wire.'으로 시작하는 코드들은 Wire 라이브러리 관련 명령어입니다. 이러한 명령어의 역할은 다음 실습의 '한 줄씩 코드 설명'에서 설명하겠습니다.)

확인 문제 2.2.1

LCD 외에 여러분이 가지고 있는 I2C 장치(센서, 모듈 등)가 있다면, 그 장치를 아두이노에 연결하여 주소값을 알아내 보세요.

두 개의 아두이노와 한 개의 LCD로 I2C 통신하기

- **실습 목표**: I2C 통신을 이용하여 하나의 Master(아두이노 우노)에 2개의 Slave(아두이노 우노, LCD)를 연결하여 통신을 제어해 봅니다.
- **하드웨어 준비**: 다음 그림과 같이 아두이노 우노(Master 역할)에 LCD와 또 다른 아두이노 우노(Slave 역할)를 연결합니다. 그리고 USB 케이블을 이용해서 두 개의 아두이노를 컴퓨터에 연결합니다.

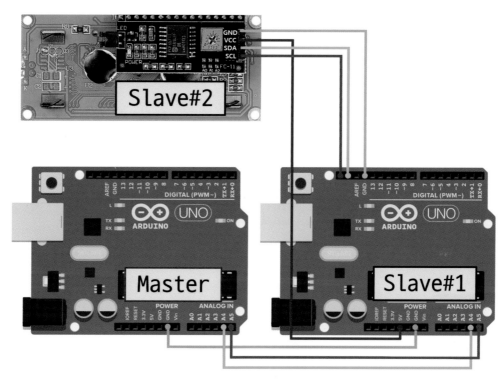

[그림 2.2.7] 두 개의 아두이노와 LCD의 연결

```
1  //실습코드 2.2.2_Master
2  #include <Wire.h> // Wire 라이브러리
3  #include <LiquidCrystal_I2C.h>  // I2C LCD 라이브러리
4
5  LiquidCrystal_I2C lcd(0x27,16,2);  // LCD 설정
6
7  void setup() {
8    Wire.begin();      // Master로 초기화
9    lcd.init();         // LCD 초기설정
10   lcd.backlight();  // LCD 백라이트 켜기
11   lcd.print("Hello World!"); // LCD 글자출력
12 }
13
14 void loop() {
15   Wire.beginTransmission(1); // 주소값 = 1 인 Slave로 데이터 보내기 준비
16   Wire.write('A');          // 보낼 코드 'A'
17   Wire.endTransmission();   // 데이터 보내기 실행
18   delay(1000);              // 1초 기다리기
19
20   Wire.beginTransmission(1); // 주소값 = 1 인 Slave로 데이터 보내기 준비
21   Wire.write('B');          // 보낼 코드 'B'
22   Wire.endTransmission();   // 데이터 보내기 실행
23   delay(1000);              // 1초 기다리기
24 }
```

```
1  //실습코드 2.2.2_Slave
2  #include <Wire.h>   // Wire 라이브러리
3
4  #define LED    13    // 13번핀 LED
5
6  void setup() {
7    Wire.begin(1);  // Slave 자신의 주소를 1로 지정
8    Wire.onReceive(receiveEvent); // 데이터 수신시 receiveEvent 함수실행
9    pinMode(LED, OUTPUT);    // LED 출력모드
10 }
11
12 void loop() {
13
14 }
15
16 void receiveEvent() {
17   while(Wire.available() > 0) { // 수신된 데이터가 있는지?
18     char input = Wire.read();   // 수신 데이터 읽고 저장하기
19     if(input == 'A')  digitalWrite(LED, HIGH);    // LED On
20     else if(input == 'B') digitalWrite(LED, LOW); // LED Off
21   }
22 }
```

[실습코드 2.2.2_Master]를 'Master' 아두이노에 업로드하고 [실습코드 2.2.2_Slave]를 'Slave#1' 아두이노에 업로드합니다. 두 개의 아두이노에 코드를 업로드할 때 서로 다른 포트 번호(COMx)를 확인하고 업로드해 주세요(업로드 방법은 [실습코드 2.1.3]의 '하드웨어 작동 방법 & 실행 결과'를 참고하세요).

두 아두이노 우노 보드에 각각 코드를 업로드했으면, 시리얼 통신을 하기 위해 전선을 연결합니다. 전선(F/F)을 이용하여 [그림 2.2.7]과 같이 SDA, SCL, VCC, GND를 연결해 주세요.

A4 핀은 SDA, A5 핀은 SCL 역할을 하는 핀으로, 두 보드 간 I2C 통신을 위해 서로 연결해 줍니다. 그리고 UART 통신에서와 같이, 두 하드웨어 보드의 전압 기준을 통일하기 위해 GND 핀도 서로 연결해 줍니다.

아두이노 보드(Slave#1)와 LCD(Slave #2)도 I2C 통신을 위해 SDA, SCL를 연결하고 LCD에 전원을 공급하기 위해 VCC, GND를 연결합니다. LCD와 연결하는 데 이용한 SDA, SCL 핀은 내부적으로 A4, A5 핀과 연결되어 있습니다. 결과적으로 두 개의 선을 이용해 Master 기기를 두 개의 Slave 기기와 연결한 것과 같은 셈입니다.

위 과정을 마쳤으면 다음 그림처럼 LCD 화면에 'Hello World!'라는 글자가 표시되고 Slave#1 아두이노의 13번 핀 내장 LED가 1초에 한 번씩 깜빡이는지 확인해 주세요.

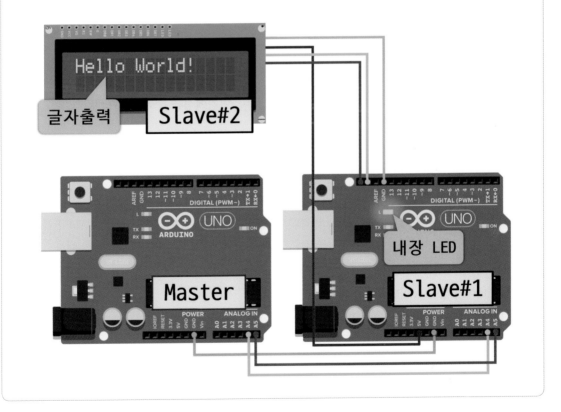

▣ 한 줄씩 코드 설명 (실습코드 2.2.2_Master)

3: I2C 통신을 이용하여 아두이노로 LCD를 제어하는 데 필요한 라이브러리입니다.

5: LCD를 사용하기 위해 객체를 하나 만들면서 설정하는 코드입니다. [실습코드 2.2.1]에서 알아봤던 LCD

의 주소값(필자의 경우에는 0x27)을 이 코드의 괄호 안에 넣어야 합니다. 혹시 여러분의 LCD 주소값이 이 책과 다르게 나온다면 그 값을 괄호 안에 넣으면 됩니다.

8: I2C 통신을 초기화하면서 Master로 등록하는 코드입니다.

9: LCD를 사용하기 위해 준비하는 코드입니다.

10: LCD가 밝게 빛날 수 있도록 백라이트를 켭니다.

11: LCD에 'Hello World!'라는 글자를 출력합니다.

15: 주소값이 1인 Slave로 Master가 데이터를 보낼 준비를 하는 코드입니다.

16: 보낼 데이터 값('A')을 설정합니다.

17: 데이터 송신을 종료하는 코드입니다. 이 코드가 실행되어야 I2C 통신이 완료됩니다.

18: 1초 기다리기 코드입니다(데이터를 보내는 데 지연이 있을 수 있으니 잠시 기다리는 것입니다).

20~23: 마찬가지로 주소값이 1인 Slave로 'B'라는 데이터를 보내는 코드입니다.

▣ 한 줄씩 코드 설명 (실습코드 2.2.2_Slave)

2: 아두이노는 I2C 통신을 사용하기 위해서 Wire.h 라이브러리를 사용합니다(Wire.h는 별도의 설치 없이 아 두이노에 기본으로 내장되어 있는 라이브러리입니다).

4: Slave 아두이노의 13번 핀에 연결된 LED를 매크로 방식으로 선언한 것입니다.

7: Slave 주소값을 1로 정하면서 I2C 통신을 초기화하는 코드입니다.

8: Slave에서 데이터를 받을 때 실행할 함수를 지정합니다. 여기에서는 receiveEvent라는 함수가 실행 됩니다.

9: LED를 출력 모드로 설정합니다.

12~14: loop() 함수 안에는 아무런 코드가 없습니다.

16: I2C 통신으로 Slave에 데이터가 도착하면 실행되는 함수입니다.

17: Slave로 수신된 데이터가 있으면 while 반복문이 계속 실행되고, 데이터가 없으면 while 반복문이 종 료됩니다.

18: 수신된 데이터를 읽어서 변수 input에 저장합니다.

19: 수신된 데이터 값이 'A'이면 LED를 켭니다.

20: 수신된 데이터 값이 'B'이면 LED를 끕니다.

확인 문제 2.2.2

[실습코드 2.2.2]의 코드를 그대로 사용하면서, Slave 아두이노의 LED가 켜지면 LCD에 'LED ON'이라 는 글자를 출력하고, LED가 꺼지면 LCD에 'LED OFF'라는 글자가 출력되게 프로그램을 만들어 보세요.

(힌트: LCD에 글자를 지웠다가 다시 출력하는 방법을 이용하면 되고, LCD의 글자를 지우는 명령어는 lcd.clear( );입니다.)

SPI 통신은 송신과 수신이 동시에 되지 않는 I2C 통신과 달리, 송신과 수신이 동시에 이루어지는 Full Duplex(양방향 통신) 방식을 이용합니다. 그래서 I2C 통신보다는 속도가 좀 더 빠른 장점이 있습니다. 반면에 SPI 통신은 송신과 수신을 동시에 하기 위해 연결해야 할 전선이 더 추가된다는 단점도 있습니다.

I2C 통신은 각 Slave에 주소를 정해서 Master와 통신을 하는 소프트웨어적인 방식이었다면, SPI 통신은 하드웨어적으로 따로 연결하여 데이터를 주고받는 방식입니다. 이때 각 하드웨어의 주소값과 같은 역할을 하는 것이 SS(Slave Select)라는 핀입니다.

SPI 통신의 기본적인 연결 방법은 다음 그림과 같습니다.

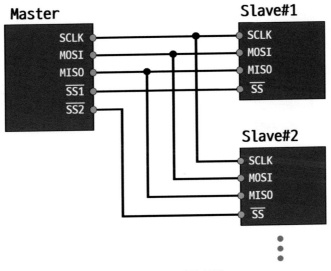

[그림 2.3.1] SPI 통신 연결 방법

MOSI(Master Output Slave Input) 핀은 Master에서 Slave로 데이터를 전달하고, MISO(Master Input Slave Output) 핀은 Slave에서 Master로 데이터를 보내는 역할을 합니다. SCLK(Serial Clock) 핀은 Master에서 Slave로 클록 신호를 보내는 핀입니다(I2C 통신의 SCL과는 다른 핀이지만 클록 신호를 보내는 역할은 같습니다). 각 핀을 아두이노의 몇 번 핀에 연결해야 하는지는 다음 표를 참고해 보세요.

	MOSI	MISO	SCLK	SS
아두이노 우노 핀	11	12	13	2 ~ 10

이제 두 개의 아두이노 우노 보드를 이용하여 SPI 통신을 실습해 보도록 하겠습니다.

실습 1 | 두 개의 아두이노로 특정 요청 시 SPI 통신하기

- **실습 목표**: Master 아두이노에 시리얼 통신으로 값 '1'이 입력되면 SPI 통신을 사용하여 Slave의 변수값을 Master 로 가져올 수 있습니다.
- **하드웨어 준비**: 다음 그림과 같이 2개의 아두이노를 연결합니다. 그리고 USB 케이블을 이용해서 아두이노를 컴퓨 터에 연결합니다.

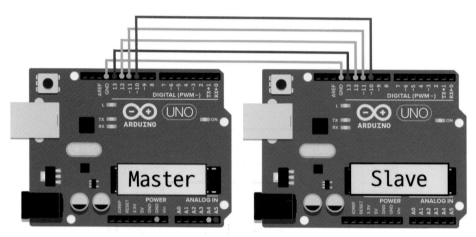

[그림 2.3.2] 아두이노 SPI 통신 연결하기

실습코드 2.3.1　　　Master

```
1  //실습코드 2.3.1_Master
2  #include <SPI.h>    // SPI 통신 라이브러리
3
4  void setup () {
5    SPI.begin ();           // SPI 통신 초기화
6    digitalWrite(SS, HIGH); // 슬레이브가 선택되지 않은 상태로 유지
7    SPI.setClockDivider(SPI_CLOCK_DIV16); // SPI 통신속도 설정
8    Serial.begin(9600);     // 시리얼 통신 준비
9  }
10
11 void loop () {
12   if(Serial.available() > 0) {  // 시리얼 데이터 입력이 있다면
13     char input = Serial.read(); // 데이터 값을 읽고 저장하기
14     if(input == '1') {          // 데이터값이 '1'이면
15       digitalWrite(SS, LOW);    // 슬레이브를 선택
16       char received = SPI.transfer(0);  // SPI통신으로 받은 값을 저장
17       digitalWrite(SS, HIGH);           // 슬레이브 선택을 해제
18       Serial.println(received);         // 받은 값을 시리얼 모니터로 보기
19     }
20   }
21 }
```

```
1  //실습코드 2.3.1_Slave
2  #include <SPI.h>      // SPI 통신 라이브러리
3  byte count;           // 전송할 변수
4
5  void setup () {
6    // SPI 통신을 위한 핀들의 입출력 설정
7    pinMode(MISO, OUTPUT);
8    pinMode(MOSI, INPUT);
9    pinMode(SCK, INPUT);
10   pinMode(SS, INPUT);
11   SPI.setClockDivider(SPI_CLOCK_DIV16); // Master와 같은 통신속도 설정
12
13   // SPI 통신을 위한 레지스터를 설정
14   SPCR |= _BV(SPE); // SPI 활성화
15   SPCR &= ~_BV(MSTR); // Slave 모드 선택
16   SPCR |= _BV(SPIE); // 인터럽트 허용
17   count = 'A'; // count 초기화
18 }
19
20 void loop () {
21   count = (count + 1) ;          // count 값 증가
22   if(count > 'Z') count = 'A';   // count가 Z를 넘어서면 다시 A로
23   delay(1000);                   // 1초 기다리기
24 }
25
26 // SPI 통신으로 데이터가 수신될 때 자동으로 실행되는 ISR
27 ISR (SPI_STC_vect) {
28   SPDR = count;  // count 값을 SPDR을 통해 보내기
29 }
```

하드웨어 작동 방법 & 실행 결과

[실습코드 2.3.1_Master]를 Master 아두이노에 업로드하고, [실습코드 2.3.1_Slave]를 Slave 아두이노에 업로드합니다. 그리고 Master 아두이노 포트를 선택한 상태에서 시리얼 모니터를 열고, 입력창에 '1'을 전송하면 화면에 알파벳 'A'부터 'Z'까지 순차적으로 값이 나타날 것입니다.

즉, 이 실습코드에서는 Master 시리얼 모니터에서 입력한 '1' 값이 Slave에 데이터를 요청하는 의미이고, 이 요청에 답하여 Slave에 저장된 변수값(알파벳 'A'부터 'Z'까지) 하나씩 받아옵니다. 1초씩 시간이 지날 때마다 알파벳 값은 차례대로 변경됩니다.

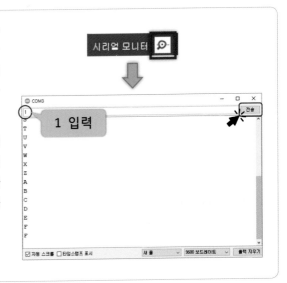

시리얼 모니터

1 입력

▣ 한 줄씩 코드 설명 (실습코드 2.3.1_Master)

2: SPI 통신 라이브러리를 불러오는 코드입니다.

5: SPI 통신을 초기화하는 코드입니다.

6: 처음에는 Master가 Slave를 선택하지 않게 해주는 코드입니다.

7: SPI 통신의 속도를 설정하는 코드로, 2/4/8/16/32/64/128 중 하나를 선택해 설정할 수 있습니다.

8: 실행 결과를 시리얼 모니터로 확인하기 위해 시리얼 통신을 준비합니다.

12: 시리얼 통신으로 입력된 데이터가 있는지 확인합니다.

13: 시리얼 통신으로 입력된 데이터를 읽고 input 변수에 저장합니다.

14: input 변수값이 '1'인지 검사합니다.

15: Slave를 선택합니다.

16: 1 byte의 데이터 수신을 위해 의미 없는 1 byte 데이터 0을 보냅니다.

17: 입력 받은 값을 시리얼 모니터로 전송합니다.

▣ 한 줄씩 코드 설명 (실습코드 2.3.1_Slave)

3: Slave에서 Master로 전송할 값을 저장하고 있는 변수입니다.

7~10: SPI 통신을 위해 연결한 핀들을 초기화하는 설정입니다.

11: Master의 통신 속도에 맞추어 설정하는 코드입니다.

14~16: SPI 통신을 실행하기 위해 레지스터를 설정하는 부분입니다. 이 부분의 코드는 좀 어렵지만 SPI 통신을 위해 필요한 설정이라고 이해하시면 됩니다.

17: count 변수의 최초값을 'A'로 설정합니다.

21: count 변수의 값을 1 증가시킵니다. 1씩 증가할 때마다 count 변수값은 알파벳 순서대로('B', 'C', 'D',...) 바뀌게 됩니다.

22: 만약 count 변수값이 'Z'를 넘어서면 다시 'A'로 돌아옵니다.

23: loop() 함수의 동작이 1초에 한 번씩 실행되게 1초 기다리기를 넣었습니다.

27~29: SPI 통신으로 데이터가 수신될 때 자동으로 실행되는 ISR() 함수로써, SPI 통신이 발생될 때(SPI. transfer가 실행될 때) Slave의 SPDR의 값이 Master로 전달됩니다.

> **+개념 보충   분주비**
>
> 분주비는 클록 주파수의 속도를 낮추는 비율로, 아두이노의 경우 2/4/8/16/32/64/128 중 하나를 선택해 SPI 통신 속도를 조절할 수 있습니다. 참고로 아두이노 우노의 기본 클록 주파수는 16MHz를 사용하며, 기본 분주비는 4(SPI_CLOCK_DIV4)로 설정됩니다.

인터럽트

프로그램 실행 중에 어떤 변화가 있고, 이 변화에 대해 빠르게 대응해야 하는 상황이 생기기도 합니다. 예를 들면 블루 스크린처럼 중대한 오류가 발생한 경우, 일정 시간마다 어떤 메시지를 보내야 하는 경우가 있습니다. 이럴 때 사용하는 기능이 인터럽트(Interrupt)입니다. 이 기능을 이용하면 마치 새치기를 하듯이, 기존에 수행하던 일을 잠깐 멈추고 급한 일부터 먼저 처리한 후 기존 일로 되돌아가게 됩니다.

SPI 통신도 인터럽트 기능이 필요한 경우 중 하나입니다. 그래서 Slave 실습코드에서 SPI 통신을 위한 레지스터를 설정 해 인터럽트 기능을 활성화한 것입니다(인터럽트 관련 기능의 레지스터는 인터럽트가 필요한 상황 감지, 인터럽트 허용 등을 설정할 수 있습니다).

인터럽트 상황이 감지될 때마다 ISR( )이라는 함수가 실행되는데, 이번 실습에서는 ISR( ) 함수를 이용해서 SPI 통신으로 데이터가 수신됨을 감지하면 변수 count의 값을 받는 코드를 만들었습니다.

byte형 변수

byte형 변수는 숫자 데이터를 담는 공간으로, 1바이트(byte) 크기를 가집니다. 그리고 byte형은 16진수 체계를 가지기 때문에 1, 2, 3, … , 9 다음에는 10이 아니라 알파벳 A가 됩니다. A 다음의 수는 B에서 Z까지의 알파벳들이 이어집니다. Slave 실습코드에서 변수 count를 byte형으로 만든 이유는 이러한 자료형의 특징 때문입니다.

(참고) byte형과 char형 구분
– byte형 변수: 1바이트 크기의 숫자 데이터를 저장
– char형 변수: 1바이트 크기의 문자 데이터를 저장

확인 문제 2.3.1

[실습코드 2.3.1_Master]에서 시리얼 통신으로 입력받은 값 input이 '0'이면 시리얼 모니터에 'SPI OFF' 라는 문자를 출력하고, input이 '1'이면 시리얼 모니터에 'SPI ON'이라는 문자가 출력되며 [실습코드 2.3.1]의 본래 SPI 통신이 시작되게 프로그램을 만들어 보세요.

실습 2 **두 개의 아두이노를 일정 주기로 SPI 통신하기**

- **실습 목표**: Master 아두이노와 Slave 아두이노 간에 일정한 주기로 양방향 통신을 제어해 봅니다.
- **하드웨어 준비**: 앞서 연결한 [그림 2.3.2]와 같이 2개의 아두이노를 연결합니다. 그리고 USB 케이블을 이용해서 아두 이노를 컴퓨터에 연결합니다.

```
1  //실습코드 2.3.2_Master
2  #include <SPI.h>    // SPI 통신 라이브러리
3
4  byte master_send = 'A'; //Master 송신데이터
5  byte master_receive;    //Master 수신데이터
6
7  void setup () {
8    SPI.begin ();            // SPI 통신 초기화
9    digitalWrite(SS, HIGH); // 슬레이브가 선택되지 않은 상태로 유지
10   SPI.setClockDivider(SPI_CLOCK_DIV16); // SPI 통신속도 설정
11   Serial.begin(9600);     // 시리얼 통신 준비
12 }
13
14 void loop () {
15   if(master_send == 'A') master_send = 'B'; // master_send를 B로 설정
16   else master_send = 'A';                   // A로 설정
17
18   digitalWrite(SS, LOW);    // 슬레이브를 선택
19   char received = SPI.transfer(master_send);  // SPI통신으로 받은 값을 저장
20   digitalWrite(SS, HIGH);                // 슬레이브 선택을 해제
21   if(received == 'a') Serial.println("Master ON"); // Master ON 출력
22   else Serial.println("Master OFF");     // Master OFF 출력
23   delay(1000);                           // 1초 기다리기
24 }
```

```
1  //실습코드 2.3.2_Slave
2  #include <SPI.h>    // SPI 통신 라이브러리
3
4  byte slave_send;              // Slave 송신데이터
5  volatile byte slave_receive;  // Slave 수신데이터
6
7  void setup () {
8    // SPI 통신을 위한 핀들의 입출력 설정
9    pinMode(MISO, OUTPUT);
10   pinMode(MOSI, INPUT);
11   pinMode(SCK, INPUT);
12   pinMode(SS, INPUT);
13   SPI.setClockDivider(SPI_CLOCK_DIV16); // Master와 같은 통신속도 설정
14
15   // SPI 통신을 위한 레지스터를 설정
16   SPCR |= _BV(SPE); // SPI 활성화
17   SPCR &= ~_BV(MSTR); // Slave 모드 선택
18   SPCR |= _BV(SPIE); // 인터럽트 허용
19 }
20
21 void loop () {
22   if(slave_receive == 'A') slave_send = 'a'; // slave_send를 a로 설정
23   else slave_send = 'b';                     // b로 설정
24   SPDR = slave_send;                         // 데이터 전송
25   delay(1000);                               // 1초기다리기
26 }
27
28 // SPI 통신으로 데이터가 수신될 때 자동으로 실행되는 ISR
29 ISR (SPI_STC_vect) {
30   slave_receive = SPDR;  // 입력받은 데이터 저장
31 }
```

[실습코드 2.3.2_Master, Slave] 코드를 각각의 아두이노에 업로드한 후, Master 쪽 시리얼 모니터를 열어서 1초에 한 번씩 'Master ON', 'Master OFF'라는 글자가 출력되는지 확인합니다.

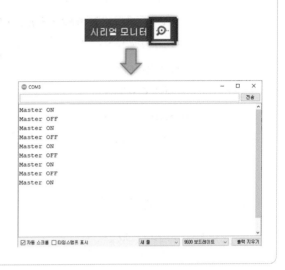

▣ 한 줄씩 코드 설명 (실습코드 2.3.2_Master)

4~5: Master 아두이노에서 데이터를 보내거나 받아서 저장할 변수입니다.

master_send는 Master 아두이노에서 Slave 아두이노로 전송할 데이터를, master_receive는 Slave 아두이노에서 Master 아두이노로 송신한 데이터를 저장할 것입니다.

15~16: 변수 master_send의 값이 'A'이면 'B'로 바꾸고, 그렇지 않으면 'A'로 바꾸는 코드입니다. 1초에 한 번씩 'A'와 'B'를 번갈아 전송하기 위해 if~else문으로 사용했습니다.

19: SPI.transfer()의 괄호 안에 전송할 변수를 넣으면 Slave 아두이노로 변수값이 전달되고, Slave로부터 받은 값은 변수 master_receive에 저장됩니다.

21~22: Slave 아두이노로부터 데이터를 받은 변수 master_receive의 값이 'a'이면 시리얼 모니터에 'Master ON'을, 그렇지 않으면 'Master OFF'라는 글자를 출력합니다.

▣ 한 줄씩 코드 설명 (실습코드 2.3.2_Slave)

4~5: Slave 아두이노에서 Master 아두이노로 데이터를 보내거나 받아서 저장할 변수입니다. (여기서 5번 줄에 volatile을 사용한 이유는, 인터럽트 함수(ISR) 내부에서 값이 변경되는 변수일 경우 반드시 volatile로 선언해야 정확한 변수값을 읽어올 수 있기 때문입니다.)

22~23: Slave 아두이노에서 Master 아두이노로 전송할 변수인 slave_send값을 'a'와 'b'로 번갈아 설정하는 부분입니다.

24: SPDR에 slave_send 변수값을 저장하면 Slave 아두이노에서 Master 아두이노로 변수 값을 보낼 수 있습니다.

29: Master 아두이노로부터 전송된 데이터가 있을 때 ISR( ) 함수가 자동으로 실행되고, 전송된 데이터인 SPDR을 변수 slave_receive에 저장하는 코드입니다.

SPI 통신에 대한 다음의 설명 중 틀린 것은?

① SPI 통신은 송신과 수신이 동시에 이루어질 수 있다.

② SPI 통신은 I2C 통신보다 연결해야 할 전선이 적다.

③ SPI 통신에도 하나의 Master에 여러 개의 Slave 연결이 가능하다.

④ 두 개의 아두이노로 SPI 통신을 할 때 각 아두이노의 GND를 서로 연결해 줘야 한다.

03

무선 통신 1

아두이노를 이용한 무선 통신 첫 번째 내용으로 RF와 블루투스 무선 통신에 대해 알아보고 다양한 실습을 진행해 봅니다. RF, 블루투스 무선 통신의 이론을 이해하고 각 통신의 특징에 맞는 하드웨어 연결을 해봅니다. 그리고 블루투스 무선 통신 파트에서는 아두이노끼리의 통신뿐만 아니라 스마트폰 앱과 아두이노 간의 통신 프로그램을 직접 코딩하여 실습해 봄으로써 무선 통신에 대한 이해도를 높여 자신의 프로젝트에 응용해 볼 수 있는 자신감을 가지실 수 있을 겁니다.

3.1 RF 통신
3.2 블루투스 통신

3.1 RF 통신

RF 통신에서 RF는 Radio Frequency의 약자로, 라디오 주파수라는 뜻입니다. 그래서 **RF 통신**은 **라디오 주파수를 이용한 통신**을 의미합니다. RF 통신은 눈에 보이지 않는 전자기파를 이용하는데, 전자기파는 일정 시간마다 크기와 방향이 반복해서 바뀌며 나아가는 전기/자기장 파동으로서 다음 그림과 같이 표현됩니다.

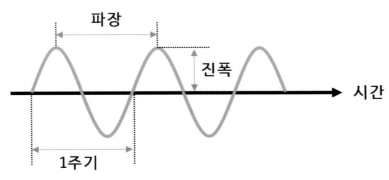

[그림 3.1.1] 전자기파

위의 그림에서 보듯이, 전자기파가 반복되는 간격을 **주기**라고 부릅니다. 주파수(Frequency)는 1초당 주기가 반복되는 횟수를 의미하고 단위는 Hz(헤르츠)입니다. 예를 들어 주파수가 60Hz라 하면 1초에 60주기를 가지는 전자기파라는 뜻입니다.

이 챕터에서는 **433MHz RF 통신 모듈**을 사용할 겁니다. 이 모듈은 수신기 모듈의 주파수가 약 433MHz이고 무선 통신 거리는 수십 cm ~ 수십 m(외부 안테나 장착 시) 정도 됩니다.

우선 실습을 시작하기 전에, 아두이노 IDE에 VirtualWire라는 라이브러리를 설치해볼 것입니다. 이 라이브러리는 RF 통신 모듈을 아두이노에 연결해서 무선 통신을 쉽게 만들어 주는 역할을 합니다. 다음을 참고해 VirtualWire 라이브러리를 설치해 보세요.

● RF 통신을 쉽게 제어하기 위한 외부 라이브러리 설치

01 저자의 블로그(https://wooduino.tistory.com)에 접속해서 **책 〉 아두이노 통신 프로젝트 〉 002. 책 실습 참고자료 다운로드**로 이동합니다.

02 VirtualWire 라이브러리를 다운받습니다.

03 아두이노 IDE를 실행한 후 다음 그림처럼 **ZIP 라이브러리**를 추가합니다.

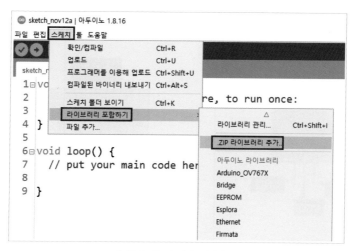

[그림 3.1.2] ZIP 라이브러리 추가

04 VirtualWire 파일을 다운받은 폴더로 가서 파일을 선택한 후 **열기**를 누르면 라이브러리 설치가 자동으로 완료됩니다.

[그림 3.1.3] VitualWire 라이브러리 선택

코딩에 필요한 라이브러리를 설치했다면, 이제 두 개의 아두이노 우노를 이용하여 RF 무선 통신을 실습해 보도록 하겠습니다.

실습 1　**RF 통신 모듈을 이용해 아두이노로 문자열 보내기**

- **실습 목표**: RF 송신기(Transmitter)를 연결한 아두이노에서 RF 수신기(Receiver) 쪽으로 글자를 보내어 시리얼 모니터에서 확인해 봅니다.
- **하드웨어 준비**: 2개의 아두이노에 Easy module shield를 달고 RF 통신 모듈을 연결합니다. 그리고 USB 케이블을 이용해서 아두이노를 컴퓨터에 연결합니다.

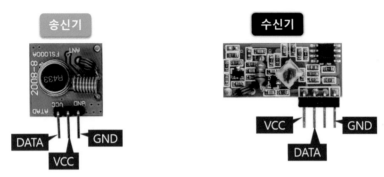

[그림 3.1.4] RF 모듈 핀

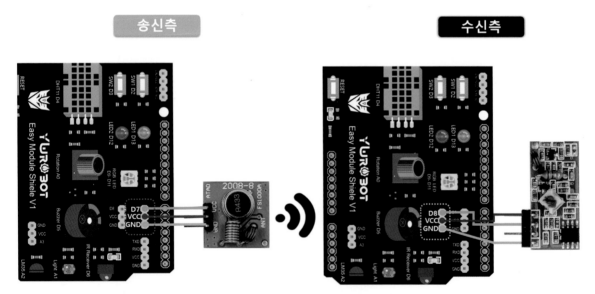

[그림 3.1.5] Easy module shield와 RF 모듈 연결

```
code_3.1.1_Transmitter
1  //실습코드 3.1.1_Transmitter
2  #include <VirtualWire.h>  // 라이브러리
3  #define SEND_PIN  7        // 송신용 7번핀
4
5  char data_to_send[] = "Hello World"; // 송신할 데이터
6
7  void setup() {
8    vw_set_tx_pin(SEND_PIN); // 송신 핀 초기화
9    vw_setup(2000); // 데이터 통신속도 : 초당 2000 bits
10 }
11
12 void loop() {
13   send(data_to_send); // 데이터 송신하기
14   delay(1000);        // 1초 기다리기
15 }
16
17 void send (char *message) {
18   vw_send((uint8_t *)message, strlen(message)); // 데이터 송신
19   vw_wait_tx(); // 데이터가 모두 송신될때 까지 기다리기
20 }
```

```
code_3.1.1_Receiver
1  //실습코드 3.1.1_Receiver
2  #include <VirtualWire.h>
3  #define RECEIVE_PIN   8    // 수신용 8번핀
4
5  byte message[VW_MAX_MESSAGE_LEN]; // 데이터 임시 저장공간
6  byte messageLength = VW_MAX_MESSAGE_LEN; // 데이터 크기
7
8  void setup() {
9    Serial.begin(9600);    // 시리얼 통신 준비
10   Serial.println("Ready to receive:");
11   vw_set_rx_pin(RECEIVE_PIN); // 수신 핀 초기화
12   vw_setup(2000); // 데이터 통신속도 : 초당 2000 bits
13   vw_rx_start(); // 수신 시작하기
14 }
15
16 void loop() {
17   if (vw_get_message(message, &messageLength)) { // 수신값이 있으면
18     Serial.print("Received: ");
19     for (int i = 0; i < messageLength; i++) {
20       Serial.write(message[i]);   // 시리얼 모니터에 수신값 출력
21     }
22     Serial.println(); // 한 줄 띄우기
23   }
24 }
```

[그림 3.1.5]의 송신측 아두이노에 [실습코드 3.1.1_Transmitter]를 업로드하고, 수신측 아두이노에 [실습코드 3.1.1_Receive]를 업로드해 주세요. 그리고 수신측 아두이노 포트를 선택한 상태에서 시리얼 모니터를 열면 1초 간격으로 'Hello World'라는 글자가 오른쪽 그림처럼 출력될 것입니다. 이것은 송신측 아두이노에서 수신측 아두이노로 RF 무선 통신을 이용해 문자열을 주고받는 실습입니다.

▣ 한 줄씩 코드 설명 (실습코드 3.1.1_Transmitter)]

2: RF 통신을 쉽게 제어하기 위해 VirtualWire.h 라이브러리를 불러오는 코드입니다(이후 'vw_'로 시작하는 코드들은 VirtualWire 라이브러리 관련 명령어입니다).

3: 아두이노 7번 핀에 연결된 송신용 RF 모듈을 define으로 정의한 것입니다(즉, 매크로 방식으로 선언합니다).

5: 송신할 데이터를 저장하는 문자열 배열입니다.

8: 송신용 RF 모듈이 연결된 핀(7번 핀)을 초기화합니다.

9: RF 무선 통신 속도를 설정하는 명령어입니다.

13: 데이터 송신 함수 send를 이용하여 RF 무선 통신으로 데이터를 송신하는 코드입니다.

17: char *message처럼 변수명 앞에 *를 붙이는 변수를 포인터 변수라고 합니다. 특히 char형 포인터는 문자열 처리에 효과적인 포인터라서, 이 포인터를 사용해 문자열 배열 data_to_send[ ]을 send 함수의 매개변수로 전달 받도록 코딩한 것입니다.

18: 매개변수로 전달 받은 문자열 데이터의 크기를 확인하고, 문자열 데이터를 수신 측으로 송신하는 부분입니다. (문자열 데이터의 크기는 쉽게 말하자면 문자열을 구성하는 문자의 개수입니다. 여기서 문자열 데이터의 크기를 확인하는 이유는 통신으로 전송된 데이터의 전체 크기를 확인하면서 데이터를 읽어야 오류가 안 나기 때문입니다.)

19: 데이터 송신이 모두 완료될 때까지 기다리는 명령어입니다.

▣ 한 줄씩 코드 설명 (실습코드 3.1.1_Receive)

3: 아두이노 8번 핀에 연결된 수신용 RF 모듈을 define으로 정의한 것입니다.

5: 송신측에서 보내온 데이터를 수신측에서 받아 저장할 배열입니다.

6: 저장할 데이터의 최대 크기입니다.

9: 시리얼 모니터에 데이터를 출력하기 위해 시리얼 통신을 준비합니다.

11: 수신용 RF 모듈이 연결된 핀(8번 핀)을 초기화합니다.

12: RF 무선 통신 속도를 설정하는 명령어입니다.

13: 데이터 수신을 시작합니다.

17: 만약에 수신측으로 입력된 데이터가 있는지 확인합니다.

19~22: 입력된 데이터를 시리얼 모니터에 출력하는 부분입니다. for문을 이용해 문자열 데이터의 각 문자를 하나씩 모아 message 배열에 저장하고, 배열에 저장된 값을 시리얼 모니터에 출력합니다.

+개념 보충　　**문자열 배열**

시리얼 통신 시 데이터는 한 번에 한 바이트씩 전송됩니다. 그래서 [실습코드 3.1.1_Transmitter]의 8번 줄에서 송신할 데이터를 문자열 배열로 저장해 한 글자씩 나눠 송신할 수 있도록 만들었습니다. 문자열 배열은 요소에 문자가 하나씩 저장되고, 마지막 공간에는 NULL(널) 문자가 자동으로 들어가서 문자열의 끝을 알려줍니다. 만약 배열의 크기를 정했는데 문자들을 다 채우고 남은 공간이 생기면 그곳은 보통 NULL 문자로 채워집니다.

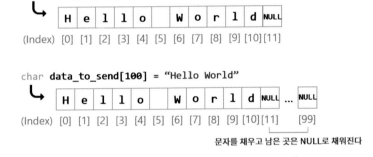

확인 문제 3.1.1

RF 통신을 이용하여 송신측에서 'How are you?' 문자열을 수신측으로 보내는 프로그램을 만들어 보세요. 그리고 송신측에서 문자열을 보낼 때 13번 핀 LED가 짧은 시간 동안 켜졌다가 꺼지게 하고, 수신측에서 문자열을 받았을 때도 13번 핀 LED가 짧게 켜졌다가 꺼지게 해보세요.

RF 통신 모듈을 이용해 아두이노로 여러 개의 센서값 보내기

- **실습 목표**: 아두이노에서 측정한 센서값을 RF 통신으로 주고받아 봅니다.
- **하드웨어 준비**: 앞서 연결한 [그림 3.1.5]와 같이 2개의 아두이노, RF 통신 모듈을 연결합니다. 그리고 USB 케이블을 이용해서 아두이노를 컴퓨터에 연결합니다.

실습코드 3.1.2   Transmitter

```
code_3.1.2_Transmitter
1  //실습코드 3.1.2_Transmitter
2  #include <VirtualWire.h>  // 라이브러리
3  #define SEND_PIN   7        // 송신용 7번핀
4  #define SW1        2        // 스위치 2번핀
5  #define SW2        3        // 스위치 3번핀
6  #define ROTATION   A0       // 가변저항 A0핀
7  #define LIGHT      A1       // 빛센서 A1핀
8
9  String data_buf;            // 데이터 임시저장 변수
10 char data_to_send[100];     // 송신할 데이터 저장 변수
11 String data_combined = "";  // 가공된 데이터 저장 변수
12
13 void setup() {
14   vw_set_tx_pin(SEND_PIN); // 송신 핀 초기화
15   vw_setup(2000); // 데이터 통신속도 : 초당 2000 bits
16   pinMode(SW1, INPUT); // 버튼핀 입력모드
17   pinMode(SW2, INPUT); // 버튼핀 입력모드
18 }
19
20 void loop() {
21   // 4가지 센서값 측정
22   int sensor1 = digitalRead(SW1);
23   int sensor2 = analogRead(ROTATION);
24   int sensor3 = digitalRead(SW2);
25   int sensor4 = analogRead(LIGHT);
26
27   // 센서값 송신하기
28   sendData(sensor1, sensor2, 1);
29   delay(1000);
30   sendData(sensor3, sensor4, 2);
31   delay(1000);
32 }
33
34 // 데이터 가공 및 송신 함수
35 void sendData(int sensor1, int sensor2, int group) {
36   data_combined = data_combined + sensor1 + "," + sensor2 + "," + group;
37   data_buf = data_combined;
38   data_buf.toCharArray(data_to_send,100);
39   send(data_to_send);
40   data_buf = "";
41   data_combined = "";
42 }
43
44 // 데이터 송신 함수
45 void send(char *message) {
46   vw_send((uint8_t *)message, strlen(message)); // 데이터 송신
47   vw_wait_tx(); // 데이터가 모두 송신될때 까지 기다리기
48 }
```

```
code_3.1.2_Receiver
1  //실습코드 3.1.2_Receiver
2  #include <VirtualWire.h>
3  #define RECEIVE_PIN   8   // 수신용 8번핀
4  String data_part;         // 수신 데이터 일부분
5  String data_combined;     // 수신 데이터 총합
6  // 수신 데이터 저장 변수
7  int data1, data2, group;
8  // 센서값 분류 저장 변수
9  int sw1, sw2, rotation, light;
10
11 void setup() {
12   Serial.begin(9600);    // 시리얼 통신 준비
13   Serial.println("Ready to receive:");
14   vw_set_rx_pin(RECEIVE_PIN); // 수신 핀 초기화
15   vw_setup(2000); // 데이터 통신속도 : 초당 2000 bits
16   vw_rx_start(); // 수신 시작하기
17 }
18
19 void loop() {
20   byte data_buf[VW_MAX_MESSAGE_LEN]; // 데이터 임시 저장공간
21   byte data_buf_length = VW_MAX_MESSAGE_LEN; // 데이터 크기
22   if (vw_get_message(data_buf, &data_buf_length)) { // 수신값이 있으면
23     for (int i = 0; i < data_buf_length; i++) {
24       char c = data_buf[i];    // 수신 데이터 읽기
25       data_part += c;          // 일부분의 수신데이터들을 서로 합치기
26     }
27     data_combined = data_part; // 최종적으로 합해진 수신데이터
28     // 수신데이터에서 필요한 값만 뽑아내기
29     String read1 = getValue(data_combined,',',0);
30     String read2 = getValue(data_combined,',',1);
31     String read3 = getValue(data_combined,',',2);
32     // 문자열 형태를 정수형으로 바꾸기
33     data1 = read1.toInt();
34     data2 = read2.toInt();
35     group = read3.toInt();
36     // 그룹에 따라 데이터값 구별하기
37     if(group == 1) {
38       sw1 = data1;
39       rotation = data2;
40     }
41     if(group == 2) {
42       sw2 = data1;
43       light = data2;
44     }
45     // 수신데이터(센서)를 시리얼 모니터에 출력하기
46     Serial.print("[Group1] "); Serial.print("sw1: "); Serial.print(sw1);
47     Serial.print(", rotation: "); Serial.print(rotation);
48     Serial.print(" // [Group2] "); Serial.print("sw2: "); Serial.print(sw2);
49     Serial.print(", light: "); Serial.println(light);
50     data_part = ""; // 수신 데이터 저장소 초기화
51   }
52 }
53
54 // 수신데이터에서 구분자를 활용해 필요한 값만 뽑아내는 함수
55 String getValue(String data, char separator, int index) {
56   int found = 0;
57   int strIndex[] = { 0, -1 };
58   int maxIndex = data.length() - 1;
59   for (int i = 0; i <= maxIndex && found <= index; i++) {
60     if (data.charAt(i) == separator || i == maxIndex) {
61       found++;
62       strIndex[0] = strIndex[1] + 1;
63       strIndex[1] = (i == maxIndex) ? i+1 : i;
64     }
65   }
66   return found > index ? data.substring(strIndex[0], strIndex[1]) : "";
67 }
```

[실습코드 3.1.2_Transmitter, Receiver]를 각각의 아두이노에 업로드한 후, Receiver 쪽 시리얼 모니터를 엽니다. 그러면 1초에 한 번씩 4가지 데이터값(스위치 눌림 여부, 센서값)이 그룹(Group1, Group2)별로 출력됩니다. 오른쪽 그림에서 보이는 센서 위치를 찾아서 스위치를 누르거나, 가변저항을 손으로 돌리거나, 빛 센서를 손으로 가렸을 때 시리얼 모니터에 출력되는 숫자값이 변하는지 꼭 확인해 보세요.

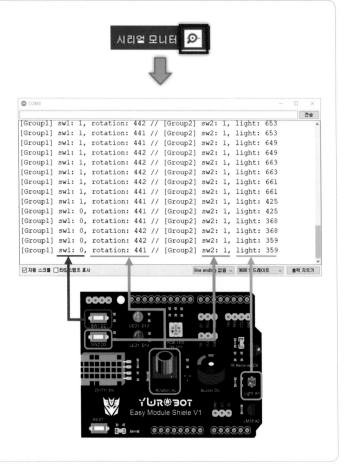

▣ 한 줄씩 코드 설명 (실습코드 3.1.2_Transmitter)

2: RF 통신에 필요한 라이브러리입니다.

3~7: 아두이노에 연결된 송신용 RF 통신 모듈, 스위치, 센서의 핀 번호 정의입니다.

9~11: 측정된 센서값들을 문자열(String)로 가공하여 배열(Array)에 담아서 송신할 때 사용할 변수입니다.

14~17: RF 통신 초기 설정, 스위치 입력 모드 설정 코드입니다.

22~25: 각각의 스위치, 가변저항, 빛 센서의 측정값을 읽어서 변수에 저장하는 코드입니다.

28~31: sendData 함수를 이용하여 스위치 및 센서값을 수신측 아두이노로 전송하는 코드입니다. sendData 함수를 이용하면 데이터 전송 시 그룹(1, 2)을 나누어 여러 데이터를 보낼 수 있는 장점이 있습니다.

35: sendData(센서값1, 센서값2, 그룹번호) 함수는 여러 센서값을 그룹으로 분류하여 송신할 수 있는 함수입니다. 필요에 따라 센서값3, 센서값4 등 많은 데이터를 보낼 수도 있습니다.

36: 각각의 센서값을 구분할 수 있도록 센서값을 구분자(",")와 결합하고, 마지막에 그룹(group)값을 합하는 코드입니다.

38: 문자열(String) 형태의 데이터를 배열(Array)로 바꾸는 부분입니다. 배열로 바꾸어야 send 함수에 송신 데이터를 넣을 수 있습니다.

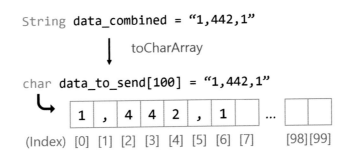

39: 데이터 송신 함수 send에 데이터를 넣어서 실제로 무선 송신을 하는 코드입니다.

40~41: 데이터를 송신한 후 변수들을 초기화합니다.

▣ 한 줄씩 코드 설명 (실습코드 3.1.2_Receiver)

2: RF 통신에 필요한 라이브러리입니다.

3: 아두이노에 연결된 수신용 RF 모듈 핀 번호 정의입니다.

4~9: 수신된 데이터를 저장해 문자열 형태로 가공하고, 그룹의 데이터값을 분류하는 데 사용될 변수들입니다.

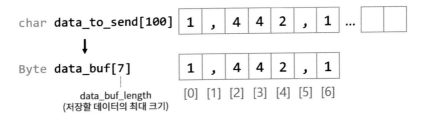

12~16: 시리얼 통신과 RF 통신의 초기 설정 코드입니다.

20~21: 수신된 데이터(문자열 배열)를 임시로 저장할 변수와 그 크기값입니다.

22: 수신된 데이터가 있으면 if문이 실행됩니다.

23~27: 수신된 데이터를 data_part 변수에 합치고, 최종적으로 data_combined에 저장합니다.

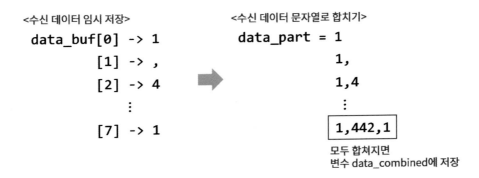

29~31: getValue 함수를 이용하여 수신된 데이터에서 구분자(",")와 그룹(group)값을 구별해 필요한 센서 숫자값만 추출하는 코드입니다.

33~35: 센서 숫자값이 문자열 형태이므로 정수 형태로(toInt)로 변경시키는 코드입니다.

37~43: 정수로 변경된 센서값을 그룹(group)값에 따라서 구별하여 센서 변수에 저장하는 코드입니다.

46~49: 최종적으로 센서값이 잘 수신되었는지 확인하기 위해 시리얼 모니터에 변수값을 출력합니다.

50: 수신 데이터를 저장하는 변수를 초기화합니다.

55~66: getValue 함수는 센서 데이터와 구분자 등이 혼합된 문자열 데이터에서 '센서 데이터'만 추출해 냅니다. 이 함수는 좀 어렵기 때문에 라이브러리처럼 가져다 쓰는 용도로만 이해하면 됩니다.

확인 문제 3.1.2

[실습코드 3.1.2]는 4가지 센서값을 두 개의 그룹으로 나누어 송신하는 코드입니다. 여러분들이 스위치, 센서 등 저장할 데이터값을 총 6개로 늘리고, 마찬가지로 두 개의 그룹으로 나누어(한 그룹당 센서값 3개) 송신하는 코딩을 해보세요.

3.2 블루투스 통신

블루투스는 1994년 에릭슨이 최초로 개발한 디지털 근거리 무선 통신입니다. 산업, 과학, 의료용으로 할당된 2.4 ~ 2.485GHz의 전파를 이용하여 전자 장비 간 짧은 거리의 데이터 통신을 할 수 있습니다. 요즘은 저전력, 저비용의 장점을 이용해 스피커, 이어폰, 무드등, 키보드, 스마트폰, 컴퓨터 등 다양한 장치를 무선으로 연결하는 데 사용되고 있습니다.

블루투스 네트워크는 **2.2 I2C 통신**에서 다뤘던 마스터/슬레이브(Master/Slave) 방식을 사용합니다. 이 방식은 하나의 마스터 장치가 다수의 슬레이브 장치와 연결될 수 있게 해줍니다. 마스터와 슬레이브는 데이터를 서로 주고받을 수 있지만, 슬레이브 간 통신은 할 수 없습니다.

블루투스는 아두이노의 시리얼 유선 통신(RX, TX)을 무선으로 바꾸는 데 최적화되어 있기 때문에 아두이노의 Serial 라이브러리를 사용해서 쉽게 블루투스 무선 통신을 구현할 수 있습니다.

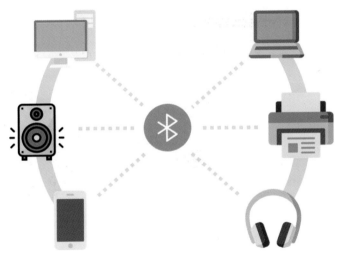

[그림 3.2.1] 여러 가지 블루투스 기기

블루투스 통신을 이용한 장치 연결 과정은 다음의 3단계로 이루어집니다.

1. Inquiry

두 개의 블루투스 장치가 서로를 완전히 모르는 상태에서 서로를 찾기 위한 과정이 시작됩니다. 하나의 장치(스마트폰, 컴퓨터 등)가 Inquiry 요청을 보내면 다른 장치는 이 요청에 대해 '블루투스의 주소, 이름 및 기타 정보'와 함께 응답합니다.

2. Paging

Paging은 두 장치가 연결되기 위한 과정입니다. 연결이 완성되기 전에 각각의 장치는 서로의 주소를 알고 있어야 합니다.

3. Connection

Paging 과정이 끝나면 Connection 상태가 됩니다. 서로 연결된 장치들은 자신의 상태를 바꿀 수 있습니다.

블루투스의 통신 이론은 더 많은 내용이 있지만, 우리가 이번 챕터에서 실습할 내용에 필요한 부분만 알아봤습니다. 지금부터 블루투스 모듈 HC-05를 이용해서 아두이노와 아두이노, 스마트폰과 아두이노의 블루투스 무선 통신을 실습해 보도록 하겠습니다.

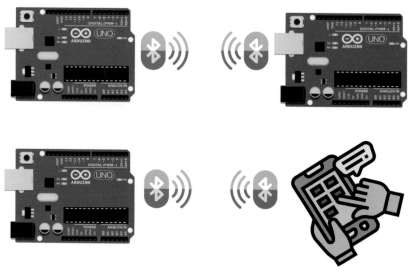

[그림 3.2.2] 아두이노와 아두이노, 스마트폰과 아두이노 간 블루투스 무선 통신

＋참고　　　**디바이스마트 HC-05 기본 정보**

아래는 이번 챕터의 실습에 사용할 블루투스 모듈 HC-05의 기본 정보입니다.

마스터/슬레이브 변경, 기본 상태: 슬레이브, 기본 암호: 1234, 기본 속도: 9600, 전송 거리: 약 10미터

실습 1 **두 개의 아두이노로 블루투스 통신하기**

- **실습 목표**: 두 개의 HC-05 블루투스 모듈 중 하나는 Master 모드로 설정하고, 다른 하나는 Slave 모드로 설정하여 양방향 블루투스 무선 통신을 해봅니다.

● HC-05 블루투스 모듈의 Master/Slave 모드 설정

HC-05 블루투스 모듈은 Master와 Slave 모드 둘 중 하나를 설정하여 사용할 수 있습니다. 이번 실습을 위해서 하나의 블루투스 모듈은 Master로 설정하고, 다른 하나는 Slave로 설정을 미리 해야 합니다. 설정하는 방법은 다음의 절차와 같습니다.

* 이 부분의 실습이 조금 어려우신 분은 저자의 유튜브 채널에서 영상을 참고해 주세요.

[01] 아두이노 우노 보드 하나에 Easy module shield를 꽂고 다음 그림과 같이 USB 케이블로 아두이노와 컴퓨터를 연결합니다.

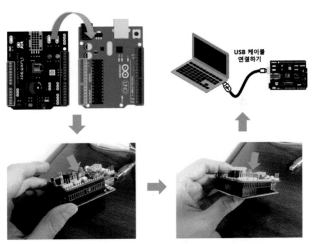

[그림 3.2.3] 아두이노 우노 + Easy module shield + 컴퓨터 연결

[02] 아두이노 IDE를 실행하여 보드와 포트 확인 후, 빈 코드(setup과 loop 함수 안쪽의 코드가 비어 있는)를 아두이노 우노 보드에 업로드해 줍니다.

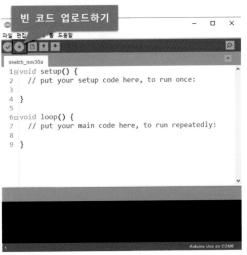

[그림 3.2.4] 빈 코드 업로드

03 빈 코드를 업로드했으면 USB 케이블의 연결을 해제합니다.

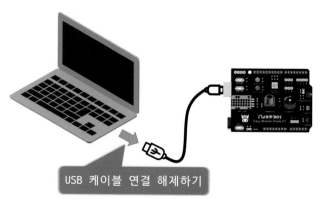

USB 케이블 연결 해제하기

[그림 3.2.5] USB 케이블 연결 해제하기

04 아두이노의 USB 케이블 연결이 해제된 상태에서 HC-05 블루투스 모듈 하나를 다음 그림과 같이 연결해 줍니다. 여기에서 블루투스 모듈의 **EN(enable) 핀도 VCC에 연결**하는 점을 유의해 주세요.

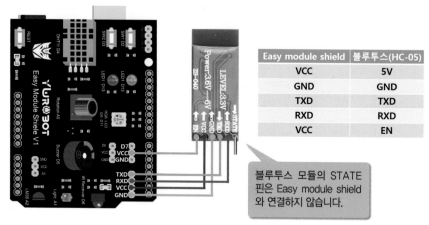

Easy module shield	블루투스(HC-05)
VCC	5V
GND	GND
TXD	TXD
RXD	RXD
VCC	EN

블루투스 모듈의 STATE 핀은 Easy module shield 와 연결하지 않습니다.

[그림 3.2.6] 블루투스 모듈 연결하기

05 해제했던 USB 케이블을 컴퓨터에 다시 연결합니다.

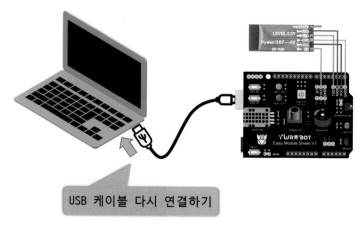

USB 케이블 다시 연결하기

[그림 3.2.7] USB 케이블을 컴퓨터에 다시 연결하기

06 USB 케이블을 다시 연결한 직후, 블루투스 모듈의 앞면에 LED가 2초 간격으로 점멸(ON, OFF)하는지 확인 해 주세요. 2초 간격으로 점멸이 되면 이 블루투스는 AT 모드로 설정된 것입니다. AT 모드는 블루투스 모듈에 **AT+명령어**를 입력해서 통신 속도나 비밀번호 등의 여러 가지 정보를 변경할 수 있는 상태를 말합니다.

[그림 3.2.8] AT 모드

07 아두이노 IDE의 빈 코드를 다시 열어서, (setup과 loop 함수 외에 아무런 코드도 없지만) 시리얼 모니터를 열고 다음 그림과 같이 **Both NL & CR, 38400 보레이트로 변경**해 줍니다. 그 후에 시리얼 모니터 상단 입력 창에 **AT**라고 천천히 두 번 입력해 줍니다(입력 후 Enter 키를 누르거나 **전송** 버튼을 클릭). AT 명령을 입력할 때 [그림 3.2.9]와 같은 글자가 출력되어야 합니다.

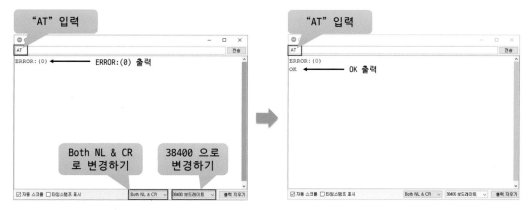

[그림 3.2.9] AT 커맨드 입력

08 이번에는 **AT+ROLE**을 입력해 봅니다. 그러면 +ROLE:0이 뜨는데, 여기서 0이 출력된 것은 블루투스 모듈이 Slave 모드라는 의미입니다(0은 Slave, 1은 Master를 의미합니다). 이 블루투스 모듈은 Slave 모드로 사용할 것이기 때문에 그대로 둡니다. 그리고 **AT+UART**를 입력하여 통신 속도를 확인합니다.

* 통신 속도로 나온 9600을 변경 없이 그대로 사용하겠습니다. 혹시 여러분의 블루투스 모듈 통신 속도가 9600이 아닌 다른 값이 나오면, 나중에 코딩할 때 블루투스 통신 속도값을 그 값으로 수정하면 됩니다.

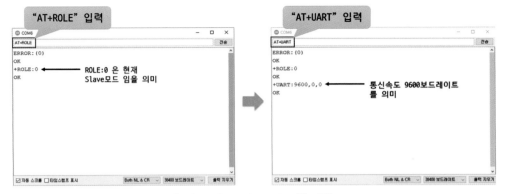

[그림 3.2.10] AT+ROLE, UART 커맨드 입력

09 이번에는 **AT+ADDR**이라고 입력하고 다음
그림과 같이 긴 블루투스 주소값이 나오
면 메모장이나 종이에 적어 두세요. 나중에
Master 모드 설정할 때 필요합니다.

* 블루투스 주소값은 제각각 달라서 여러분
의 주소값은 저자의 경우(98d3:91:fe09fd)와
다를 겁니다. 참고해 주세요.

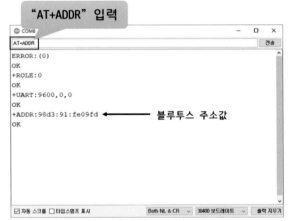

[그림 3.2.11] 블루투스 주소 확인

10 지금까지 AT 명령어를 입력했던 블루투스 모듈은 **슬레이브 모
드**임을 까먹지 않게 다음 그림과 같이 **S**자를 표시해 두기를 바
랍니다. 나중에 슬레이브 모드 블루투스 모듈이 연결된 아두이
노를 선택해야 할 때 편리할 것입니다.

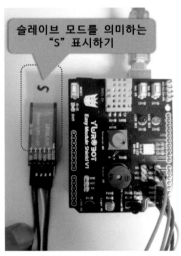

[그림 3.2.12] 슬레이브 S 표시

[11] 이제 슬레이브 모드 설정은 완료했습니다. 연결했던 아두이노 우노 보드, Easy module shield, 블루투스 모듈은 그대로 잠시 옆에 두시고, 마스터 모드 설정을 위해 새로운(2번째) 아두이노 우노 보드, Easy module shield, 블루투스 모듈을 준비하고 앞에서의 순서(01 ~ 08)을 다시 한번 반복해서 실습해 주세요.

[12] 새롭게 연결한 블루투스 모듈로 08번 과정까지 실습했다면, 다음 그림과 같이 시리얼 모니터에서 **AT+ROLE=1**을 입력하여 마스터 모드로 설정해 줍니다.

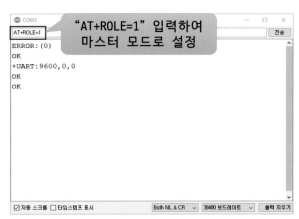

[그림 3.2.13] 블루투스 모듈을 마스터 모드로 설정하기

[13] 마스터로 설정된 블루투스가 슬레이브 블루투스에 자동으로 1:1 연결이 되도록 설정합니다. 다음 그림과 같이 **AT+CMODE=0**을 입력 후, **AT+BIND=주소**를 입력합니다. 여기에서 **주소**[*]는 09번에서 슬레이브 모듈의 주소값을 적어두었던 것을 그대로 입력하면 됩니다. 마지막으로 [그림 3.2.12]처럼 마스터로 설정한 블루투스 모듈에도 **M**자로 표시해 두면 좋습니다.

[*] 여러분의 슬레이브 블루투스 모듈의 주소값은 저자와 다르므로 입력창에 여러분의 것을 정확히 입력해야 합니다. 또한 주소 입력 시 **콜론(":")은 반점(",")으로 바꿔서 입력해야 함**을 꼭 유의해 주시길 바랍니다.

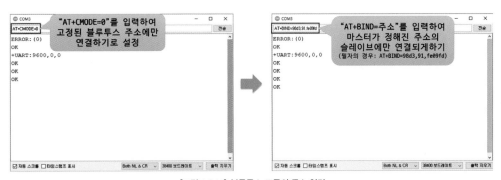

[그림 3.2.14] 블루투스 모듈의 주소 연결

● 타이머 기능 실행 및 버튼 입력 감지를 위한 라이브러리 설치

이번 실습에는 MsTimer2 그리고 ezButton 라이브러리가 필요합니다. MsTimer2는 타이머 기능을 하는 라이브러리로, 몇 초에 한 번씩 일정한 동작을 실행시킬 때 사용합니다. ezButton은 버튼 감지를 하는 데 편리하게 쓸 수 있는 라이브러리입니다.

다음을 참고해 아두이노 IDE에 두 라이브러리를 설치해 주세요.

아두이노 IDE 상단 메뉴에서 **스케치 〉 라이브러리 포함하기 〉 라이브러리 관리**로 들어간 후, 상단 검색란에 **MsTimer2**와 **ezButton**을 검색해서 각각 설치해 주세요.

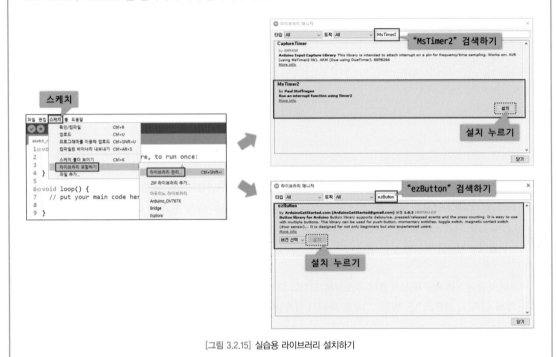

[그림 3.2.15] 실습용 라이브러리 설치하기

- **하드웨어 준비**: 블루투스 모듈의 마스터/슬레이브 모드 설정과 라이브러리 설치를 모두 완료했다면 다음 그림과 같이 하드웨어를 연결해 줍니다.

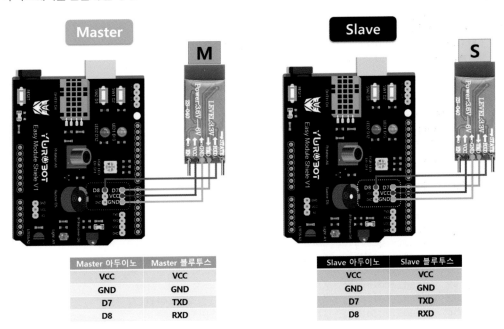

Master 아두이노	Master 블루투스
VCC	VCC
GND	GND
D7	TXD
D8	RXD

Slave 아두이노	Slave 블루투스
VCC	VCC
GND	GND
D7	TXD
D8	RXD

[그림 3.2.16] 하드웨어 연결하기

실습코드 3.2.1   Master

code_3.2.1_Master §

```
1  //실습코드 3.2.1_Master
2  #include <SoftwareSerial.h> // 시리얼 통신용 라이브러리
3  #include <MsTimer2.h>       // 타이머용 라이브러리
4  #include <ezButton.h>       // 버튼용 라이브러리
5  #define BTtx_PIN      7     // 블루투스 TXD연결핀
6  #define BTrx_PIN      8     // 블루투스 RXD연결핀
7  #define SW1_PIN       2     // 스위치 2번핀
8
9  SoftwareSerial masterBT(BTtx_PIN, BTrx_PIN); // 마스터 시리얼 객체
10 ezButton sw1(SW1_PIN);                       // 버튼 객체
11
12 int light_value;    // 빛 센서값 변수
13 int rotation_value; // 로테이션 센서값 변수
14 String data_part = "";    // 수신 데이터 일부분
15 String data_combined;     // 수신 데이터 총합
16 int data1, data2, group;  // 수신 데이터 저장 변수
17
18 void setup() {
19   masterBT.begin(9600);    // 마스터 시리얼 통신 시작
20   Serial.begin(9600);      // 아두이노 시리얼 통신 시작
21   pinMode(SW1_PIN, INPUT); // 스위치 입력모드
22   MsTimer2::set(1000, read_sensors);  // 1초 간격으로 실행할 함수
```

```arduino
23    MsTimer2::start() ;                        // 함수시작
24    sw1.setDebounceTime(50);    // 스위치 디바운싱
25  }
26  void loop() {
27    sw1.loop();    // 스위치 감지 시작
28    if(sw1.isPressed()) {    // 만약 스위치가 눌렸다면
29      masterBT.write('H');    // 'H' 전송(마스터 => 슬레이브)
30    }
31  }
32
33  void read_sensors() { // 센서값 읽어서 전송하기(1초에 1번씩 실행됨)
34    while(masterBT.available() > 0){  // 슬레이브에서 마스터쪽으로 입력된게 있다면,
35      char c = masterBT.read();        // 입력된 데이터를 읽어서,
36      data_part += c;                  // data_part변수에 데이터들을 합치기
37    }
38    data_combined = data_part; // 최종적으로 합해진 수신데이터
39
40    // 수신데이터에서 필요한 값만 뽑아내기(빛센서,로테이션센서,그룹)
41    String read1 = getValue(data_combined,',',0); // 빛 센서
42    String read2 = getValue(data_combined,',',1); // 로테이션 센서
43    String read3 = getValue(data_combined,',',2); // 그룹
44    // 문자열 형태를 정수형으로 바꾸기
45    data1 = read1.toInt();  // light센서값을 정수로 바꿔 저장
46    data2 = read2.toInt();  // rotation센서값을 정수로 바꿔 저장
47    group = read3.toInt();  // group값을 정수로 바꿔 저장
48
49    // 그룹에 따라 데이터값 구별하기
50    if(group == 1) {
51      light_value = data1;     // data1은 빛센서이므로 light_value에 저장
52      rotation_value = data2; // data2는 로테이션센서이므로 rotation_value에 저장
53    }
54    // 센서값을 시리얼 모니터에서 확인하기
55    Serial.print("Light: "); Serial.print(light_value); Serial.print(", ");
56    Serial.print("Potentiomether: "); Serial.println(rotation_value);
57    data_part = ""; // 수신 데이터 저장소 초기화
58  }
59
60  // 수신데이터에서 구분자를 활용해 필요한 값만 뽑아내는 함수
61  String getValue(String data, char separator, int index) {
62    int found = 0;
63    int strIndex[] = { 0, -1 };
64    int maxIndex = data.length() - 1;
65    for (int i = 0; i <= maxIndex && found <= index; i++) {
66      if (data.charAt(i) == separator || i == maxIndex) {
67          found++;
68          strIndex[0] = strIndex[1] + 1;
69          strIndex[1] = (i == maxIndex) ? i+1 : i;
70      }
71    }
72    return found > index ? data.substring(strIndex[0], strIndex[1]) : "";
73  }
```

```
code_3.2.1_Slave
1  //실습코드 3.2.1_Slave
2  #include <SoftwareSerial.h> // 시리얼 통신용 라이브러리
3  #include <MsTimer2.h>        // 타이머용 라이브러리
4
5  #define BTtx_PIN      7      // 블루투스 TXD연결핀
6  #define BTrx_PIN      8      // 블루투스 RXD연결핀
7  #define BLUELED_PIN   13     // 파란LED 13번핀
8  #define ROTATION_PIN  A0     // 로테이션 센서핀
9  #define LIGHT_PIN     A1     // 빛 센서핀
10
11 SoftwareSerial slaveBT(BTtx_PIN, BTrx_PIN); // 슬레이브 시리얼 객체
12
13 String data_buf;            // 데이터 임시저장 변수
14 char data_to_send[100];     // 송신할 데이터 저장 변수
15 String data_combined = "";  // 가공된 데이터 저장 변수
16
17 void setup() {
18   slaveBT.begin(9600);                    // 슬레이브 시리얼 통신 시작
19   Serial.begin(9600);                     // 아두이노 시리얼 통신 시작
20   pinMode(BLUELED_PIN, OUTPUT);           // LED 출력모드
21   MsTimer2::set(1000, send_sensors);      // 1초 간격으로 실행할 함수
22   MsTimer2::start();                      // 함수시작
23 }
24 void loop() {
25   if(slaveBT.available() > 0){    // 마스터에서 슬레이브쪽으로 입력된게 있다면
26     char input = slaveBT.read();  // 입력된 데이터를 읽어서 LED에 적용하기
27     if(input == 'H') digitalWrite(BLUELED_PIN, !digitalRead(BLUELED_PIN));
28   }
29 }
30
31 void send_sensors() {    // 센서값을 마스터 쪽으로 보내는 함수(1초에 한번씩 실행됨)
32   // 센서값 읽어서 저장(light, rotation)
33   int light_value = analogRead(LIGHT_PIN);
34   int rotation_value = analogRead(ROTATION_PIN);
35
36   // 센서값을 slave로 보내기
37   sendData(light_value, rotation_value, 1);
38 }
39
40 // 데이터 가공 및 송신 함수
41 void sendData(int sensor1, int sensor2, int group) {
42   data_combined = data_combined + sensor1 + "," + sensor2 + "," + group;
43   data_buf = data_combined;
44   data_buf.toCharArray(data_to_send,100);
45   slaveBT.write(data_to_send);
46   data_buf = "";
47   data_combined = "";
48 }
```

[그림 3.2.16]의 마스터 블루투스 모듈이 연결된 아두이노에 [실습코드 3.2.1_Master]를 업로드하고, 슬레이브 블루투스 모듈이 연결된 아두이노에 [실습코드 3.2.1_Slave]를 업로드해 주세요.

그리고 다음 그림과 같이 마스터(Master) 측의 아두이노 IDE에서 시리얼 모니터를 열고, 슬레이브(Slave) 측의 Rotation 센서를 돌리거나 빛 센서를 손으로 가려 보세요. 그러면 시리얼 모니터에서 센서값의 변화를 확인할 수 있습니다. 그리고 마스터 측의 SW1 버튼을 손으로 눌렀을 때 슬레이브 측의 파란색 LED(13번 핀)가 On, Off 되는지 확인해 보세요.

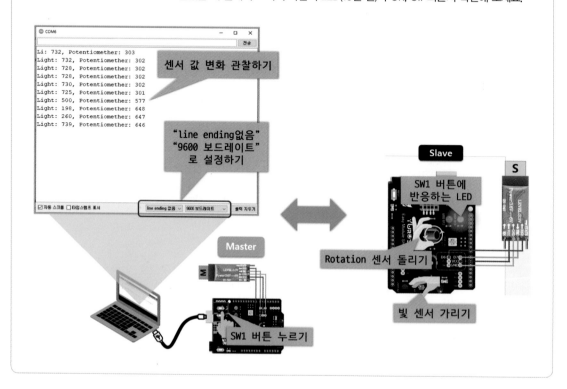

▣ 한 줄씩 코드 설명 (실습코드 3.2.1_Master)

2: SoftwareSerial.h는 아두이노의 소프트웨어 시리얼 통신용 라이브러리입니다.

3: 몇 초에 한 번씩 어떤 함수를 실행시키는 데 편리한 명령어를 제공해주는 타이머 라이브러리입니다. 이 라이브러리는 시간의 단위로 ms를 사용합니다. (1000ms = 1초)

4: 버튼 한 번 감지, 두 번 감지 등 세밀한 버튼 감지에 편리한 명령어를 제공해주는 버튼 라이브러리입니다.

5~6: 블루투스 모듈의 RXD, TXD 핀이 각각 아두이노의 7번, 8번 핀에 연결되었음을 매크로 코드로 만든 것입니다.

7: 마스터 아두이노의 디지털 2번 핀에 연결된 스위치입니다.

9~10: 마스터 시리얼 통신과 버튼을 사용하는 데에 필요한 객체입니다.

12~16: 센서값을 저장할 변수와 수신 데이터를 처리하는 데 사용할 변수 선언입니다.

19: 마스터 블루투스가 사용하는 소프트웨어 시리얼 통신을 시작하는 명령어입니다.

20: 아두이노가 우노 보드가 사용하는 시리얼 통신을 시작합니다. 나중에 센서값을 시리얼 모니터로 보는데 사용될 예정입니다.

21: 스위치를 입력 모드로 설정합니다.

22~23: 1초(1000ms)에 한 번씩 read_sensors라는 함수를 실행하겠다고 설정하는 코드입니다.

33~73: 이 부분은 앞의 **3.1 RF 통신**에서 사용한 것을 거의 똑같이 사용했기 때문에 설명을 생략합니다([실습코드 3.1.2_Receiver]의 22 ~ 67번 줄의 설명을 참고해 주세요).

▣ 한 줄씩 코드 설명 (실습코드 3.2.1_Slave)

5~9: 블루투스 모듈, LED, 센서의 핀 번호를 선언한 부분입니다.

11: 슬레이브 시리얼 통신에 필요한 객체입니다.

13~15: 데이터(센서값) 전송에 사용될 변수 선언입니다.

18: 슬레이브 블루투스가 사용하는 소프트웨어 시리얼 통신을 시작하는 명령어입니다.

20: 슬레이드 측 아두이노의 LED(13번 핀)를 출력 모드로 선언합니다.

21~22: 1초(1000)에 한 번씩 send_sensors라는 함수를 실행하겠다고 설정하는 방법입니다.

25~27: 슬레이브 아두이노 쪽으로 입력된 데이터가 'H'라면 LED의 현재 상태를 반전(On, Off)시키는 명령어입니다.

31~48: 이 부분은 앞의 **3.1 RF 통신**에서 사용한 것을 거의 똑같이 사용했기 때문에 설명을 생략합니다([실습코드 3.1.2_Transmitter]의 20 ~ 42번 줄의 설명을 참고해 주세요).

+ 개념 보충　　**소프트웨어 시리얼 통신**

2.1 UART 통신의 도입부에서 USB 케이블 또는 디지털 핀 0과 1를 이용해 시리얼 통신을 할 수 있다고 언급했습니다. 이를 이용한 시리얼 통신은 하드웨어 시리얼 통신입니다. 우리는 이전까지 USB 케이블로 아두이노와 컴퓨터를 연결해 하드웨어 시리얼 통신을 한 것입니다.

이번 실습에는 시리얼 모니터뿐만 아니라 블루투스 모듈도 시리얼 통신이 필요했습니다. 그래서 USB 케이블을 연결해 PC와 통신을 하고, 블루투스 모듈은 SoftwareSerial 라이브러리를 이용해 디지털 핀을 가상의 시리얼로 만들어서 통신을 했습니다. 이 라이브러리를 이용해 디지털 핀을 데이터 입출력용이 아니라 데이터 송수신용으로 만들어 통신하는 경우를 소프트웨어 시리얼 통신이라 합니다.

확인 문제 3.2.1

[실습코드 3.2.1_Master]에서, 슬레이브 측의 아두이노에서 측정된 빛 센서값과 로테이션 센서값을 마스터 측 아두이노로 받아서 시리얼 모니터로 확인할 수 있었습니다. 이 빛 센서값이 200보다 작으면 마스터(Master) 측 아두이노의 빨간 LED(12번 핀)를 켜고 그렇지 않으면 꺼지게 해보세요. 그리고 로테이션 센서값이 1000보다 크면 마스터(Master)측 아두이노의 파란 LED(13번 핀)를 켜고 그렇지 않으면 꺼지게 해보세요.

아두이노와 스마트폰 간 블루투스 통신하기

- **실습 목표**: 아두이노 우노 보드에 HC-05 블루투스 모듈(슬레이브 모드)을 연결하고, 스마트폰 앱을 만들어서 아두이노와 스마트폰 간의 블루투스 무선 통신을 이용해 LED를 제어하는 실습을 해봅니다.
- **하드웨어 준비**: 슬레이브 모드의 블루투스 모듈(HC-05)을 아두이노와 연결합니다. 그리고 USB 케이블로 아두이노를 컴퓨터와 연결해 주세요.

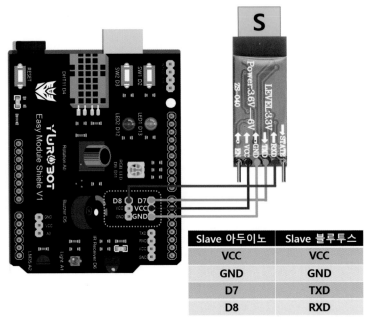

Slave 아두이노	Slave 블루투스
VCC	VCC
GND	GND
D7	TXD
D8	RXD

[그림 3.2.17] 아두이노에 슬레이브 블루투스 모듈 연결하기

실습코드 3.2.2 — Arduino

```
code_3.2.2_Arduino
1  //실습코드 3.2.2_Arduino
2  #include <SoftwareSerial.h>
3
4  #define LED_PIN   13  // LED핀 번호
5  #define BTtx       7  // 블루투스 tx핀이 연결된 아두이노 핀 번호
6  #define BTrx       8  // 블루투스 rx핀이 연결된 아두이노 핀 번호
7
8  SoftwareSerial BT(BTtx, BTrx); // 소프트웨어 시리얼 객체
9
10 char data = 0;              // 모바일 앱으로 부터 입력받은 값 저장할 변수
11
12 void setup() {
13     BT.begin(9600);    // 소프트웨어 시리얼 통신 준비
14     Serial.begin(9600); // 하드웨어 시리얼 통신 준비
15     pinMode(LED_PIN, OUTPUT); // 4번핀 출력모드
16 }
17
18 void loop() {
19     if(BT.available() > 0) { // 블루투스 통신으로 입력된 데이터가 있으면
20         data = BT.read();    // 입력된 데이터를 읽어서 변수에 저장하기
21     }
22     if(data == '0') { // data == '0' 이면
23         digitalWrite(LED_PIN, LOW); // LED 끄기
24         Serial.println("LED OFF");  // 시리얼 모니터에 글자출력용
25     }
26     else if(data == '1') { // data == '1' 이면
27         digitalWrite(LED_PIN, HIGH); // LED 켜기
28         Serial.println("LED ON"); // 시리얼 모니터에 글자출력용
29     }
30     data = 0; // data 초기화
31 }
```

실습코드 3.2.2 — App

이번 실습에서 사용할 앱은 저자가 '앱 인벤터(App Inventor)'라는 사이트에서 코딩을 하여 만든 것으로, 스마트폰에 설치할 수 있습니다. 완성된 앱 코딩 파일은 저자의 블로그(https://wooduino.tistory.com)의 **책 〉 아두이노 통신 프로젝트 〉 002. 책 실습 참고자료 다운로드**에서 code_3_2_2_App.apk 파일을 스마트폰에 다운받아 설치하시면 됩니다.

참고로 5.2에 간단한 앱 인벤터 코딩을 직접 해보는 실습이 있는데, 앱 인벤터를 맛보기 정도로만 다룹니다. 앱을 직접 만들어 스마트폰과 아두이노 간의 블루투스 무선 통신에 대해 더 공부하고 싶으신 분은 저자의 책 **"블루투스·와이파이 통신을 이용한 앱인벤터 아두이노 스마트폰 앱 프로젝트(디지털북스, 2018)"**을 참고하시면 됩니다.

[실습코드 3.2.2_Arduino]를 아두이노 보드에 업로드하고, [실습코드 3.2.2_App] 파일을 안드로이드 스마트폰에 설치하세요. 그리고 다음의 과정을 거쳐서 스마트폰과 아두이노를 블루투스로 연결하여 LED를 제어합니다.

[01] 스마트폰의 블루투스 설정 메뉴로 들어가서 주변의 블루투스 신호를 검색합니다. 화면에서 **HC-05**라는 이름이 나오면 그것을 터치합니다. 그리고 HC-05의 기본 비밀번호인 **1234**를 입력하면 스마트폰과 슬레이브 블루투스 모듈 간의 통신 준비가 됩니다.

블루투스 설정 들어가서 주변 검색을 한 뒤 "HC-05" 터치하기

블루투스 비밀번호 "1234" 입력하기

[02] 스마트폰에 설치한 [실습코드 3.2.2_App]을 실행하고 스마트폰과 아두이노를 블루투스로 연결합니다.

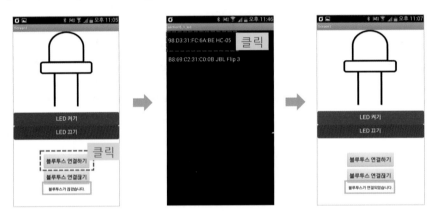

[03] 앱의 **LED 켜기**와 **LED 끄기** 버튼을 눌러 아두이노의 파란색 LED(13번 핀)가 켜지고 꺼지는지 확인해 주세요.

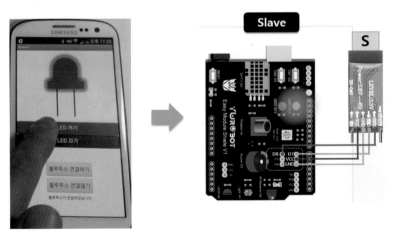

▣ 한 줄씩 코드 설명 (실습코드 3.2.2_Arduino)

2: 블루투스 모듈의 시리얼 통신에 사용되는 라이브러리입니다.

4~6: LED와 블루투스 모듈이 연결된 핀을 선언한 부분입니다.

8: 소프트웨어 시리얼 통신에 사용될 시리얼 객체입니다.

10: 스마트폰 앱으로부터 전송된 데이터를 저장할 변수입니다.

13: 슬레이브 블루투스용 시리얼 통신 시작 코드입니다.

14: 아두이노에서 시리얼 모니터로 글자 출력을 위한 시리얼 통신 시작 코드입니다.

15: LED 출력 모드 코드입니다.

19~20: 스마트폰 앱에서 아두이노로 전송한 데이터를 읽어 변수에 저장합니다.

22~28: 아두이노로 입력된 데이터가 '0'이면 LED를 끄고, '1'이면 LED를 켠 후 시리얼 모니터에 각 경우에 해당하는 글자를 출력합니다.

+ 개념 보충   **객체 그리고 객체지향 프로그래밍**

아두이노는 C/C++ 언어로 코딩을 할 수 있습니다. 여기서 C++은 객체지향 언어로써, 이 책의 실습에서는 라이브러리 같은 외부 코드를 사용할 때 객체가 자주 등장합니다.

객체(Object)란 속성(상태, 특징)과 행위(행동, 동작)으로 구성된 대상을 의미합니다. 객체의 예를 들기 위해, 음료 자판기 프로그램을 작성한다고 가정해 보겠습니다. 음료 자판기의 속성으로는 음료 종류, 가격, 온도 등이 있을 것이고 행위는 돈 인식하기, 모터 움직이기, 거스름돈 건내기 등이 있을 겁니다. 속성은 보통 명사적 특성이 있는 거라서 변수로 만들고, 행위는 동사적 특성이 있어서 함수로 만듭니다.

코딩을 할 때 처음부터 객체의 속성과 행위를 추상화하여 만들고, 객체들 간의 유기적인 상호작용을 통해 프로그램을 구성하는 기법을 객체지향 프로그래밍이라고 합니다.

확인 문제 3.2.2

앱의 버튼을 누를 때 아두이노의 13번 핀 LED(파란색 LED)와 함께 12번 핀 LED(빨간색)도 똑같이 동작하도록 아두이노 코드를 수정해 보세요.

무선 통신 2

ESP8266 보드를 이용한, 무선 통신 두 번째 내용으로 WiFi 무선 통신에 대해 알아보고 다양한 실습을 진행해 봅니다. WiFi 무선 통신에 필요한 기초적인 개념을 먼저 알아보고 WiFi 통신을 위한 ESP8266 보드의 환경설정을 진행합니다. 그리고 ESP8266 보드를 우리 집 WiFi 공유기에 접속시키는 방법부터 시작해서 HTML과 Javascript를 이용하여 웹 서버도 만들어 LED와 센서를 원격으로 제어해 봅니다. 이 챕터를 통해 WiFi 무선 통신에 대한 이해도를 높여 아두이노 프로젝트의 다양한 확장성에 대해 흥미로운 실습이 될 겁니다.

4.1 WiFi 통신 기초
4.2 WiFi 통신 심화

4.1 WiFi 통신 기초

이번 챕터의 실습을 진행하려면 인터넷과 관련된 몇 가지 용어를 알아야 합니다. 바로 인터넷, WiFi, 공유기, 라우터, AP, IP 주소입니다. 다음의 설명을 통해 이 용어들을 간단히 알아보도록 하겠습니다.

인터넷

인터넷(Internet)은 Inter-networking(네트워크 간의 연결)의 약자로서 여러 개의 LAN이 모여서 만들어진 거대한 네트워크이며, WAN(Wide Area Network)라고도 합니다. LAN(Local Area Network)은 **근거리 통신망**으로서 집이나 회사 정도의 규모에 해당하는 네트워크입니다. MAN(Metropolitan Area Network)은 **도시 지역 통신망**으로서 도시 하나 정도의 규모를 가지는 네트워크입니다. 인터넷에 해당되는 WAN(Wide Area Network)은 **광역 통신망**으로서 MAN이 모여서 만들어진 네트워크입니다.

[그림 4.1.1] 인터넷

WiFi

WiFi는 유선랜(Wired LAN)을 무선화한 것으로, 무선랜(Wireless LAN)이라고도 불립니다. 우리는 스마트폰, 노트북 등으로 인터넷을 할 때 WiFi 무선 통신을 주로 이용합니다.

[그림 4.1.2] WiFi

IP 주소

IP(Internet Protocol) 주소란 인터넷에 연결된 모든 장치(컴퓨터, 스마트폰 등)를 식별할 수 있도록 각 장치에 부여되는 고유 주소입니다. 192.168.0.19 같이 점(.)을 기준으로 숫자로 이루어진 것이 IP 주소입니다. 컴퓨터나 스마트폰 같은 기기들이 인터넷에 연결되어 고유의 IP 주소를 가지게 되면 데이터를 주고받을 때 **IP 주소**를 목적지처럼 인식할 수 있게 됩니다.

[그림 4.1.3] IP 주소

공유기

IP 주소는 **공인 IP**와 **사설 IP**로 나뉩니다. 공인 IP는 전 세계 인터넷 환경에서 자신의 기기를 식별할 수 있는 고유한 IP 주소입니다. 공인 IP는 구매 후 사용할 수 있는데, 우리 집에서 사용하는 노트북과 스마트폰을 인터넷에 연결하고자 공인 IP를 여러 개 만드려면 돈도 많이 들고 불편합니다. 그래서 공유기로 사설 IP를 만드는 방법을 이용합니다. 사설 IP는 공유기와의 연결을 통해 사용하는 우리 집 전용 IP 주소로서 무료로 이용할 수 있습니다. 인터넷 서비스 업체로부터 구매한 공인 IP 주소 하나를 WiFi 공유기로 넣어주고, 이 공유기가 만들어 내는 여러 사설 IP 주소를 각 기기(컴퓨터, 스마트폰 등)에 부여하면 인터넷 연결이 가능합니다.

공유기는 하나의 콘센트에 연결된 멀티탭에 비유할 수 있습니다. 멀티탭은 하나의 전원을 여러 기기에 나누어 사용할 수 있게 공유하는 기능이 있듯이, WiFi 공유기는 하나의 공인 IP를 여러 개의 사설 IP로 만들어 여러 기기에 나누어 사용할 수 있게 합니다.

[그림 4.1.4] WiFi 공유기

라우터

라우터(Router)는 LAN을 연결해 주는 장치로써, 데이터를 전송할 때 최종 목적지까지 가기 위해 거쳐야 하는 많은 경로(Route) 중에 적절한 통신 경로를 결정하기 위하여 하나의 통신 망에서 다른 통신망으로 데이터를 전송하는 장치입니다. 만약 'www.google.com'으로 접속을 시도하면, 라우터에서는 "이번에는 이 라우터로 가세요. 다음은 여기 라우터로 가세요."라고 판단하며 데이터를 계속 다른 라우터로 전송해 줍니다. 이렇게 여러 개의 라우터를 거치는 과정을 진행하면서 최종 목적지인 Google에 데이터가 도착하게 됩니다. 라우터를 통해서 우리 집으로 들어오는 인터넷 선을 WiFi 공유기에 연결하여 사용합니다(원래 공유기라는 말 대신 **라우터**라고 부르는 게 맞지만, **공유기**가 한국에서 주로 사용하는 용어로 굳어져 버렸다고 합니다. 그래서 가정에서 사용하는 WiFi 공유기는 사실상 **가정용 라우터**라고도 말할 수 있습니다).

[그림 4.1.5] 라우터

AP

AP(Access Point)는 유선 인터넷을 무선으로 변환해 주는 장치입니다. 일반적으로 집에서 사용하는 WiFi 공유기는 사설 IP 공유 기능 + AP(무선 통신 변환 기능)를 함께 가지고 있고, 이런 공유기를 유무선 공유기라고 부릅니다.

[그림 4.1.6] AP

모뎀

모뎀(Modem)은 외부 인터넷으로부터 오는 전기 신호를 내가 사용하는 기기(컴퓨터)에 맞게끔 변경해 주는 장치입니다. 보통 외부 아날로그 신호를 내 컴퓨터가 인식할 수 있는 디지털 신호로 바꾸거나 그 반대 역할을 해주는 것이 모뎀입니다. 결과적으로 모뎀은 로컬(Local) 네트워크와 외부 인터넷 간의 다리 역할을 해줍니다.

[그림 4.1.7] 모뎀

정리하자면 앞에서 알아본 인터넷과 관련된 장치들은 다음 그림과 같이 연결되어 사용됩니다.

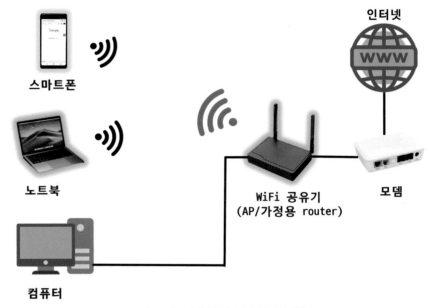

[그림 4.1.8] 인터넷이 연결되기까지의 여러 장치

이렇게 인터넷에 관련된 용어들을 간단하게 알아봤습니다. 모든 용어를 완벽히 이해하기는 어렵지만 앞으로 진행할 실습에 반복해서 나오는 개념이므로, 실습을 통해서 이해도를 높일 수 있을 것입니다.

이번 실습부터는 아두이노 보드 대신 **ESP8266**이라는 개발 보드를 사용할 것입니다. ESP8266 보드는 아두이노와 똑같이 LED, 센서 제어 등에 활용 가능하면서도 WiFi 통신 모듈이 들어 있어 사물인터넷(IoT) 기능까지 구현할 수 있습니다. 앞으로 이 보드로는 사물인터넷 기능을 이용하는 데 중점을 두고 실습을 하겠습니다.

ESP8266 보드 환경설정 및 LED 점멸하기

- **실습 목표**: ESP8266을 아두이노 IDE에서 사용하기 위해 개발 보드의 환경 설정을 합니다.
- **하드웨어 준비**: 다음 그림과 같이 ESP8266 Wemos D1 보드를 준비합니다. 그리고 USB 케이블을 이용해서 아두이노를 컴퓨터에 연결합니다.

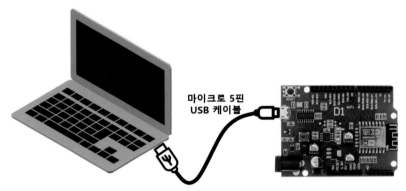

마이크로 5핀
USB 케이블

[그림 4.1.9] ESP8266 Wemos D1 보드를 컴퓨터에 연결

ESP8266 Wemos D1 보드가 컴퓨터에 연결되려면 CH340 드라이버라는 프로그램이 필요합니다. 다음을 참고해 CH340 드라이버를 설치하고 ESP8266 보드의 개발 환경을 설정해 주세요.

● **ESP8266 보드 개발 환경 설정**

01 저자의 블로그(https://wooduino.tistory.com)의 **책 〉 아두이노 통신 프로젝트 〉 002. 책 실습 참고자료 다운로드**로 이동해서 CH340 드라이버 프로그램을 다운받습니다.

02 다운받은 CH340 드라이버 압축 파일의 압축을 해제하면 [그림 4.1.10]과 같이 나타납니다. 여기에서 SETUP.EXE를 더블 클릭하면 설치 메뉴가 나타납니다.

[그림 4.1.10] CH340 드라이버 설치 파일

03 설치 메뉴에서 **INSTALL**을 클릭하여 설치를 합니다. 설치가 성공했다는 메시지(success)가 나오면 설치가 완료된 것입니다.

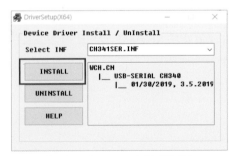

[그림 4.1.11] CH340 드라이버 설치 화면

04 이제 ESP8266 보드의 개발 환경을 설정해 보겠습니다. 아두이노 IDE를 실행해서 **파일 〉 환경설정 〉 추가적인 보드 매니저 URLs에 다음의 URL***을 입력합니다. [그림 4.1.12]의 빨간 네모 친 부분에 문구를 정확히 입력해야 합니다.

* 추가적인 보드 매니저 URLs에 입력할 문구

http://arduino.esp8266.com/stable/package_esp8266com_index.json

저자의 블로그(https://wooduino.tistory.com)의 **책 〉 아두이노 통신 프로젝트 〉 002.책 실습 참고자료 다운로드**에 위 문구가 있습니다. URL을 복사해서 붙여 넣으실 분은 참고해 주세요.

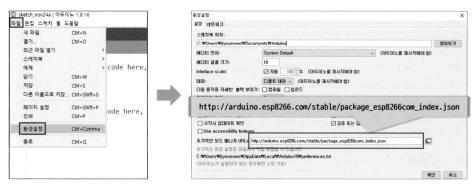

[그림 4.1.12] 추가적인 보드 매니저 URLs 문구 입력

05 ESP8266 Wemos D1 보드를 컴퓨터에 연결한 상태에서 아두이노 IDE 메뉴에서 다음의 사항을 꼭 체크해야 합니다.

- **보드 선택**: **툴 〉 보드 〉 ESP8266 Boards 〉 LOLIN(WeMos) D1 R1** 선택
- **포트 선택**: **툴 〉 포트 〉 COMx** 선택 (COMx 뒤에 Arduino Uno 등의 보드 이름이 없는 포트 선택)

다음 그림처럼 위 두 가지 사항을 선택해야 ESP8266 Wemos D1 보드에 코드를 업로드할 수 있습니다.

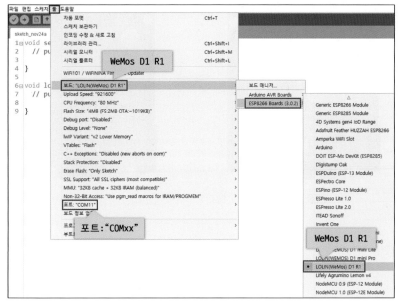

[그림 4.1.13] ESP8266 보드와 포트 선택

이제 ESP8266 Wemos D1 보드로 개발할 준비가 되었으니 실습을 시작하겠습니다.

첫 번째 실습은 ESP8266 보드의 작동 여부를 확인하기 위한 내장 LED를 점멸입니다. 다음을 따라서 여러분의 ESP8266 보드가 잘 작동하는지 확인해 보세요.

실습코드 4.1.1

```
code_4.1.1
1  //실습코드 4.1.1
2  #define LED    D13    // 내장 LED 13번핀
3
4  void setup() {
5    pinMode(LED, OUTPUT); // LED 출력모드
6  }
7
8  void loop() {
9    digitalWrite(LED, HIGH);  // LED on
10   delay(1000);              // 1초 기다리기
11   digitalWrite(LED, LOW);  // LED off
12   delay(1000);              // 1초 기다리기
13 }
```

하드웨어 작동 방법 & 실행 결과

[실습코드 4.1.1]을 ESP8266 보드에 업로드한 후, 다음 그림과 같이 내장 LED가 1초에 한 번씩 점멸되는지 확인합니다.

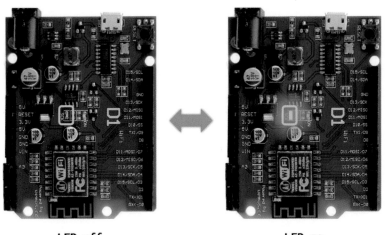

LED off   LED on

■ **한 줄씩 코드 설명 (실습코드 4.1.1)]**

2: ESP8266 보드의 13번 핀을 LED라는 이름으로 설정합니다.

5: LED(13번 핀)를 출력 모드로 설정합니다.

9~12: 아두이노 우노에서 했던 것처럼, LED를 1초 간격으로 점멸(On, Off)하는 명령어입니다.

+참고 　　**ESP8266 보드의 핀 번호**

아두이노를 제어할 때 핀 번호를 코드로 입력했던 것을 기억하실 겁니다. ESP8266 보드도 마찬가지로 핀 번호를 알아야 합니다. ESP8266 보드의 핀 번호 배치는 다음 [그림 4.1.14]와 같으며 아두이노 우노와 비슷하면서도 좀 다른 면이 있습니다.

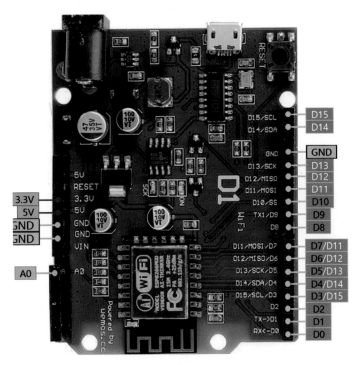

[그림 4.1.14] ESP8266 보드의 핀 번호

ESP8266 보드의 핀 번호를 코드로 입력할 때는 숫자 번호 앞에 알파벳 D를 붙여야 합니다. 예를 들면 **D13**과 같습니다. 그리고 서로 물리적으로 연결된 핀들이 몇 개 있습니다(예: D3 – D15, D4 – D14). 어느 핀 번호끼리 서로 연결되어 있는지는 위 그림에 표시해 놨습니다.

그리고 아날로그 센서 입력은 **A0** 하나 밖에 없습니다. 따라서 여러 가지 아날로그 센서를 사용할 경우에는 아두이노 우노와 함께 융합해서 사용하면 됩니다.

ESP8266 보드로 주변 WiFi 신호 검색하기

- **실습 목표**: ESP8266 보드를 인터넷에 연결하기 위해, 우리 주변에서 쉽게 접할 수 있는 WiFi에 ESP8266을 접속해 보려고 합니다. 접속을 하기 전에 WiFi 신호를 검색을 해보는 것이 이번 실습의 목표입니다.
- **하드웨어 준비**: 다음 그림과 같이 ESP8266 보드에 LCD를 연결합니다. 그리고 USB 케이블을 이용해서 ESP8266 보드를 컴퓨터에 연결합니다. 그리고 WiFi 접속이 가능한 환경에서 실습을 진행해 주세요.

LCD 핀	아두이노 핀
VCC	5V
GND	GND
SDA	SDA(D14 or D4)
SCL	SCL(D15 or D3)

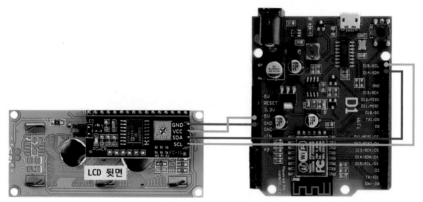

[그림 4.1.15] ESP8266 보드와 LCD 연결 회로도

실습코드 4.1.2

```
code_4.1.2
1  //실습코드 4.1.2
2  #include <ESP8266WiFi.h>        // WiFi용 라이브러리
3  #include <Wire.h>               // LCD 통신용 라이브러리
4  #include <LiquidCrystal_I2C.h>  // LCD용 라이브러리
5
6  LiquidCrystal_I2C lcd(0x27,16,2);  // LCD 객체 설정
7
8  void setup() {
9    lcd.init();                   // LCD 준비
10   lcd.backlight();              // LCD 백라이트 켜기
11   Serial.begin(115200);         // 시리얼통신 준비
12
13   int numberOfWiFi = WiFi.scanNetworks(); // 주변 WiFi신호 개수 저장
14   for(int i = 0; i < numberOfWiFi; i++) {
15     Serial.print("WiFi name: ");
16     Serial.println(WiFi.SSID(i));        // WiFi 이름 출력
17     Serial.print("Signal strength: ");
18     Serial.println(WiFi.RSSI(i));        // WiFi 신호 강도 출력
19     Serial.println("=================");
20   }
21   lcd.print("number of WiFi:");
22   lcd.print(numberOfWiFi);               // WiFi 개수 출력
23 }
24
25 void loop() {
26
27 }
```

[실습코드 4.1.2]를 ESP8266 보드에 업로드한 후, 시리얼 모니터와 LCD에 출력되는 글자를 확인합니다. 다음 그림과 같이 시리얼 모니터에는 감지된 WiFi 이름과 신호 강도값이 출력되어야 하고, LCD에는 감지된 WiFi 신호의 개수가 나타나야 합니다. 그리고 코드에서 시리얼 통신 속도를 115200으로 설정했기 때문에 시리얼 모니터 화면의 오른쪽 아래에 보드레이트를 115200으로 똑같이 해주어야 한다는 점에 주의하시길 바랍니다.

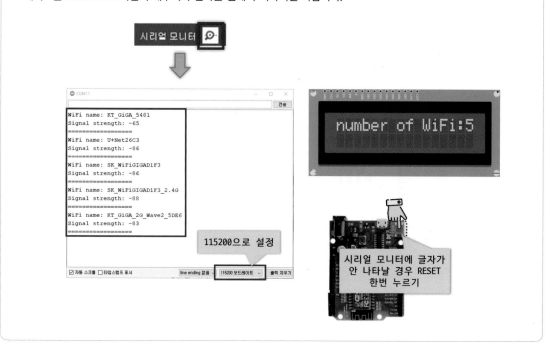

▣ 한 줄씩 코드 설명 (실습코드 4.1.2)

2: WiFi 통신에 필요한 코드를 모아 놓은 라이브러리 파일을 불러오는 명령어입니다.

3~4: LCD 제어에 필요한 라이브러리 파일입니다.

6: LCD를 사용하기 위해 객체를 하나 만드는 부분입니다.

9: LCD를 사용하기 위해 초기화하는 코드입니다.

10: LCD의 백라이트를 켜서 LCD 화면을 밝게 만듭니다.

11: 시리얼 통신을 준비하는 코드입니다.

13: 주변의 WiFi 신호를 감지하여 그 개수를 변수에 저장합니다.

15~22: 감지된 주변 WiFi 이름과 신호 강도를 시리얼 모니터에 출력합니다. 출력할 글자가 많을 수도 있기 때문에 LCD에는 출력하지 않았습니다. 15, 17번 줄은 따옴표(" ") 안에 띄어쓰기를 포함하여 정확히 입력해야 합니다.

21~22: 감지된 WiFi 신호 개수를 LCD에 출력합니다.

ESP8266 보드를 우리 집 WiFi 공유기에 접속시키기

- **실습 목표**: ESP8266 보드를 Station 모드로 설정하고 우리 집 WiFi 공유기에 무선 접속을 시켜 봅니다.
- **하드웨어 준비**: [그림 4.1.15]와 같이 ESP8266 보드에 LCD를 연결하고 USB 케이블을 이용해서 ESP8266 보드를 컴퓨터에 연결합니다. 그리고 다음 그림과 같이 WiFi 접속이 가능한 공유기가 있어야 합니다.

[그림 4.1.16] ESP8266을 WiFi 공유기에 접속하기

실습코드 4.1.3

```
code_4.1.3 §
1 //실습코드 4.1.3
2 #include <ESP8266WiFi.h>        // WiFi용 라이브러리
3 #include <Wire.h>               // LCD 통신용 라이브러리
4 #include <LiquidCrystal_I2C.h>  // LCD용 라이브러리
5
6 LiquidCrystal_I2C lcd(0x27,16,2);  // LCD 객체 설정
7
8 const char* ssid = "KT_GiGA_5481";    // WiFi 이름
9 const char* password = "abc123!@"; // WiFi 비밀번호
10
11 void setup() {
12   lcd.init();                  // LCD 준비
13   lcd.backlight();             // LCD 백라이트 켜기
14   Serial.begin(115200);        // 시리얼통신 준비
15   WiFi.begin(ssid, password);  // WiFi 접속하기
16
17   while(WiFi.status() != WL_CONNECTED) { // WiFi 연결이 되었나?
18     delay(1000);
19     Serial.print(".");         // WiFi 연결되지 않았으면 점(.)표시
20     lcd.print(".");
21   }
22   Serial.println();
23   Serial.print("IP: ");
24   Serial.println(WiFi.localIP()); // WiFi 로컬 IP출력
25   lcd.setCursor(0,1);
26   lcd.print("IP: ");
27   lcd.print(WiFi.localIP());   // LCD에도 로컬 IP출력
28 }
29
30 void loop() {
31
32 }
```

[실습코드 4.1.3]을 ESP8266 보드에 업로드한 후, 시리얼 모니터와 LCD에 출력되는 글자를 확인합니다. 다음 그림과 같이 접속된 WiFi 공유기가 부여해준 IP 주소값이 시리얼 모니터와 LCD 화면에 출력되는지 확인해 주세요(여러분이 확인할 IP값은 그림과 다르게 출력될 수 있습니다).

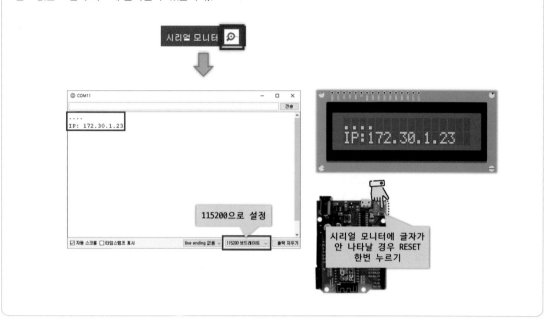

▪ 한 줄씩 코드 설명 (실습코드 4.1.3)

2: WiFi 통신에 필요한 코드를 모아 놓은 라이브러리 파일을 불러오는 명령어입니다.

3~4: LCD 제어에 필요한 라이브러리 파일입니다.

6: LCD를 사용하기 위해 객체를 하나 만드는 부분입니다.

8: 접속할 우리 집 WiFi 이름입니다.

9: 접속할 우리 집 WiFi의 비밀번호입니다.

12: LCD를 사용하기 위해 초기화하는 코드입니다.

13: LCD의 백라이트를 켜서 LCD 화면을 밝게 만듭니다.

14: 시리얼 통신을 준비하는 코드입니다.

15: WiFi에 접속을 시도하는 코드입니다.

17~20: WiFi에 접속을 완료했는지 검사하여, 만약 접속 완료가 안 됐다면 1초 간격으로 점(".")을 출력하고 접속 완료가 됐다면 while 반복문을 빠져 나갑니다.

22~27: 접속 완료된 WiFi로부터 할당받은 사설 IP 주소값을 시리얼 모니터와 LCD 화면에 출력합니다. 23, 26번 줄은 따옴표(" ") 안에 띄어쓰기 포함하여 정확히 입력해야 합니다.

+ 개념 보충 **Station 모드란?**

Station은 이미 구축되어 있는 WiFi 네트워크에 접속하는 장치들을 말합니다. 예를 들어 스마트폰을 우리 집 WiFi에 연결하여 인터넷을 사용한다면 바로 스마트폰이 Station이 됩니다. ESP8266 보드도 Station 모드로 접속이 가능합니다.

+ 개념 보충 **사설 IP의 할당**

IP의 개념을 다시 정리하며 사설 IP가 할당되는 과정을 자세히 알아보겠습니다. IP는 인터넷에 연결되는 모든 장치들(컴퓨터, 스마트폰 등)을 식별할 수 있도록 각 장치에 부여되는 고유 주소값입니다. 그런데 우리가 네이버 같은 인터넷 사이트를 접속하는 방법을 잠깐 생각해 봅시다. 우리는 네이버의 IP 주소값을 모르지만 인터넷 주소를 알고 있고, 이 주소를 입력해 네이버로 접속합니다. 이것이 가능한 이유는 인터넷 연결 과정에서 우리가 입력한 네이버 인터넷 주소(www.naver.com)가 해당 IP 주소값으로 자동으로 변경되기 때문입니다.

다음 그림은 www.naver.com의 IP 주소값을 CMD 명령창에서 검색한 결과입니다. 인터넷 주소창에 223.103.195.200을 입력하니 네이버 사이트에 접속이 되었습니다(다만 이 IP 주소값은 수시로 변경될 수 있어서 현재는 네이버에 접속이 안 될 수 있습니다).

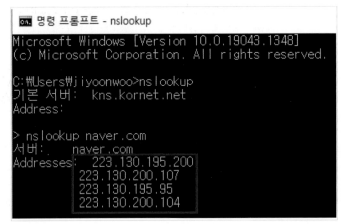

[그림 4.1.17] IP 주소

IP 주소는 임의로 우리가 부여하는 것이 아니라 전 세계적으로 ICANN이라는 기관이 국가별로 사용할 IP 대역을 관리하고, 우리나라는 한국인터넷진흥원에서 국내 IP 주소들을 관리하고 있습니다. ISP(Internet Service Provider, SKT나 KT, LG 같은 인터넷을 제공하는 통신 업체)가 IP를 1차로 부여 받은 뒤, 우리 같은 개인은 ISP 회사에 가입을 통해 IP 주소를 받아 인터넷을 사용하는 것입니다. 이렇게 발급된 IP를 **공인 IP**라고 부르며, 공유기가 연결되는 곳까지는 공인 IP가 할당됩니다. 한편 공유기에 연결되는 각종 장치들(스마트폰, 노트북 등)에는 **사설 IP**가 할당됩니다. 사설 IP는 공유기 네트워크 안에서 내부적으로 사용되는 고유한 IP 주소로, 내부(Local) 전용 IP 주소값을 가집니다. 따라서 외부 네트워크(우리집 WiFi 공유기 밖의 인터넷에 연결된 네트워크)에서 우리 집 사설 IP 주소를 인터넷에 입력해도 접근할 수 없습니다.

이번 실습에서 할당된 IP 172.30.1.23은 바로 **사설 IP**에 해당합니다.

스마트폰으로 ESP8266 보드에 무선 접속해 LED 제어하기

- **실습 목표**: ESP8266 보드를 AP 모드로 설정해 WiFi 공유기처럼 만들고 나의 스마트폰이나 노트북을 ESP8266 보드에 무선 접속을 해봅니다.

- **하드웨어 준비**: [그림 4.1.15]와 같이 ESP8266 보드에 LCD를 연결하고 USB 케이블을 이용해서 ESP8266 보드를 컴퓨터에 연결합니다. 그리고 이번 실습에서는 ESP8266 보드가 공유기 역할을 할 것이기 때문에 WiFi 공유기가 필요 없습니다.

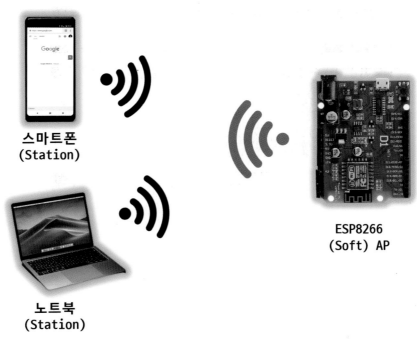

[그림 4.1.18] ESP8266 보드의 AP 모드 연결

```
code_4.1.4 §
1  //실습코드 4.1.4
2  #include <ESP8266WiFi.h>        // WiFi 통신 라이브러리
3  #include <ESP8266WebServer.h>   // 서버 라이브러리
4  #include <Wire.h>               // Wire 라이브러리
5  #include <LiquidCrystal_I2C.h>  // I2C LCD 라이브러리
6
7  LiquidCrystal_I2C lcd(0x27,16,2);  // LCD 설정
8
9  const char* AP_ssid = "myESP8266";     // AP모드 ssid
10 const char* AP_password = "12345678";  // AP모드 비밀번호
11
12 IPAddress local_ip(192,168,11,4);  // AP모드 고정IP 주소
13 IPAddress gateway(192,168,11,1);   // 게이트웨이 IP 주소
14 IPAddress subnet(255,255,255,0);   // 서브넷 마스크
15
16 ESP8266WebServer server(80);  // 서버 객체(기본 포트 80)
17
18 int LED_pin = D13;  // 내장 LED 13번 핀
19
20 void setup() {
21   pinMode(LED_pin, OUTPUT); // LED 출력모드
22   lcd.init();               // LCD 초기설정
23   lcd.backlight();          // LCD 백라이트 켜기
24
25   WiFi.softAPConfig(local_ip, gateway, subnet);        // AP모드 IP설정
26   boolean ap_mode = WiFi.softAP(AP_ssid, AP_password); // AP모드 실행
27   if(ap_mode == true) lcd.print("AP mode ready");    // AP모드 설정 성공
28   else lcd.print("AP mode failed");                  // AP모드 설정 실패
29   delay(100);
30
31   // 클라이언트의 HTTP 요청에 대응하여 서버에서 실행할 함수 정의
32   server.on("/", handle_home);
33   server.on("/ledon", handle_ledon);
34   server.on("/ledoff", handle_ledoff);
35   server.onNotFound(handle_NotFound);
36
37   server.begin(); // 서버 실행
38 }
39 void loop() {
40   server.handleClient(); // 실제 HTTP 요청을 처리하는 함수
41 }
42
43 void handle_home() {
44   // HTTP 요청에 응답해주는 send 함수
45   server.send(200, "text/plain", "This is ESP8266 HomePage");
46 }
47
48 void handle_ledon() { // LED를 켜는 함수
49   digitalWrite(LED_pin, HIGH);  // LED ON
50   lcd.clear();
51   lcd.setCursor(0,1);
52   lcd.print("LED ON");
53   server.send(200, "text/plain", "LED ON");
54 }
55
56 void handle_ledoff() {  // LED를 끄는 함수
57   digitalWrite(LED_pin, LOW);  // LED OFF
58   lcd.clear();
59   lcd.setCursor(0,1);
60   lcd.print("LED OFF");
61   server.send(200, "text/plain", "LED OFF");
62 }
63
64 void handle_NotFound() {  // 잘못된 HTTP 요청에 응답하는 함수
65   server.send(404, "text/plain", "Not found");
66 }
```

[실습코드 4.1.4]를 ESP8266 보드에 업로 드한 후, LCD에 **AP mode ready**가 출력 되면 ESP8266 보드가 AP 모드로 설정이 완료된 것입니다.

코드
업로드 후

ESP8266 보드가 AP 모드가 되면 WiFi 공유기처럼 다른 기기들을 ESP8266에 접속시킬 수 있습니다. 그 예로, 스마트 폰을 이 보드에 접속시켜 보겠습니다. 먼저, 스마트폰의 WiFi 메뉴로 들어가서 myESP8266 신호에 접속합니다.

1. 스마트폰의 WiFi 메뉴로 들어갑니다.

2. myESP8266이라는 이름 을 터치합니다.

3. 비밀번호 12345678을 입력 하고 연결버튼을 누릅니다

4. ESP8266 AP에 연결된 것을 확인합니다.

접속이 완료되면 스마트폰에서 인터넷 주소를 입력할 수 있는 웹 브라우저(크롬, 사파리 등) 하나를 열고, 주소창에 192.168.11.4라는 IP 주소를 입력해 주세요. 그 후 브라우저 화면에 **This is ESP8266 HomePage**라는 글자가 뜨는지 확인합니다(글자가 너무 작으면 확대해 보세요). 추가적으로 LED를 제어하는 실습을 위해 다음 그림을 따라서 해봅니다.

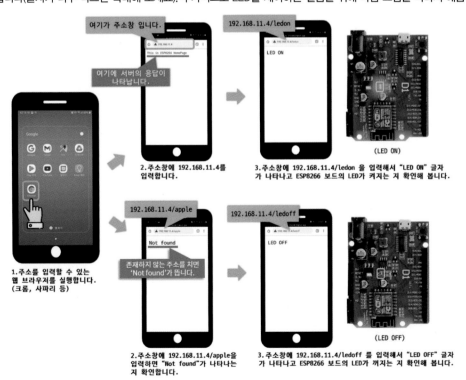

여기가 주소창 입니다.

여기에 서버의 응답이 나타납니다.

192.168.11.4/ledon

1. 주소를 입력할 수 있는 웹 브라우저를 실행합니다. (크롬, 사파리 등)

2. 주소창에 192.168.11.4를 입력합니다.

3. 주소창에 192.168.11.4/ledon 을 입력해서 "LED ON" 글자 가 나타나고 ESP8266 보드의 LED가 켜지는 지 확인해 봅니다.

(LED ON)

192.168.11.4/apple

존재하지 않는 주소를 치면 'Not found'가 뜹니다.

192.168.11.4/ledoff

2. 주소창에 192.168.11.4/apple을 입력하면 "Not found"가 나타나는 지 확인합니다.

3. 주소창에 192.168.11.4/ledoff 를 입력해서 "LED OFF" 글자 가 나타나고 ESP8266 보드의 LED가 꺼지는 지 확인해 봅니다.

(LED OFF)

2: WiFi 통신에 필요한 라이브러리입니다.

3: 클라이언트(스마트폰, 노트북 등)가 ESP8266에 접속하여 어떤 요청(HTTP request)을 할 시 응답을 해줄 때 서버 명령어를 이용하면 편합니다. 이 라이브러리는 클라이언트의 요청을 받아 응답하는 서버 코딩을 하기 위해 필요합니다.

5~7: LCD 제어에 필요한 라이브러리와 객체 설정입니다.

9: ESP8266을 AP 모드로 사용할 때 내가 지정해 주는 WiFi ssid입니다. 쉽게 말하자면 새로운 WiFi 공유기 환경을 만드는데, 이 WiFi 신호의 이름을 내가 지정해 주는 것입니다. 나중에 스마트폰으로 WiFi 신호를 검색하면 이 WiFi ssid(myESP8266)가 나타날 겁니다.

10: ESP8266 AP 모드에 접속할 때 필요한 비밀번호입니다.

12~14: ESP8266을 AP 모드로 설정하면 일종의 WiFi 네트워크가 만들어집니다. 따라서 ESP8266에 어떤 요청을 보내기 위해 필요한 사설 IP 주소를 설정해 줍니다. 여기에서는 192.168.11.4를 고정(Static) 사설 IP로 설정했습니다.

16: 클라이언트(노트북, 스마트폰 등)가 인터넷에 접속하여 네이버나 구글에 어떤 요청(홈페이지 접속, 로그인 시도 등)을 하면, 네이버나 구글은 응답(홈페이지를 띄워주기, 로그인 진행 등)을 클라이언트 쪽으로 보내줍니다. 이때 네이버나 구글을 **서버(Server)**라고 부릅니다. 서버는 클라이언트의 인터넷 요청을 **포트(port)**를 통해서 감지하는데, 이 포트에는 번호가 매겨져 있습니다. 보통 인터넷 통신(HTTP)에서 80번 포트가 기본 포트로 사용됩니다. 그래서 편하게 실습할 수 있도록 서버의 80번 포트를 사용했습니다.

25: ESP8266의 AP 모드 설정 시 필요한 IP 주소들을 입력하는 부분입니다.

26: ESP8266 보드를 AP 모드(여기서는 soft AP 모드)로 설정하는 부분입니다. 이후로는 ESP8266 보드가 WiFi 공유기처럼 작동되어 다른 기기들이 ESP8266 보드에 WiFi 통신으로 접속할 수 있습니다.

27~28: ESP8266 보드를 AP 모드로 설정하는 것이 성공했는지 실패했는지 여부를 LCD에 글자로 출력하는 부분입니다.

32~35: 클라이언트(스마트폰, 노트북 등)가 ESP8266 보드에 접속하여 HTTP 요청(예를 들면 192.168.11.4/ledon이라는 글자를 웹 브라우저 주소창에 입력하는 행위)을 할 시, ESP8266이 서버로서 그 요청에 대응할 때 실행할 함수를 정의하는 코드입니다. server.on(HTTP 요청 URL, 요청이 들어올 시 실행할 함수)으로 구성됩니다.

40: 실제로 클라이언트의 HTTP 요청을 감지하여 처리하는 함수입니다.

45: HTTP 요청에 응답하는 send 함수입니다. server.send(HTTP 상태 코드, 콘텐츠 타입, 전송할 콘텐츠)로 구성되며, HTTP 상태 코드로 200이 의미하는 것은 'OK'이며 HTTP 요청이 성공적으로 되었다는 뜻입니다. 전송할 콘텐츠는 클라이언트에게 전송할 데이터를 의미하고 여기에서는 **This is ESP8266 HomePage, LED ON, LED OFF, Not found** 총 4개의 문자열 데이터를 전송해 줍니다. 콘텐츠 타입은 전송할 콘텐츠가 어떤 유형인지를 정해주는 부분으로 여기에서는 간단한 문자열 데이터이기 때문에 **text/plain**이라고 해주면 됩니다.

48~64: 서버로 들어온 요청에 대해 응답해주는 각 함수들의 코드입니다.

+ 개념 보충 soft AP란?

AP(Access Point)는 WiFi 네트워크를 제공하여 다른 기기들이 유/무선으로 네트워크에 접속할 수 있게 해주는 장치를 말합니다. ESP8266 보드도 AP와 유사한 모드로 동작이 가능합니다. 다만 ESP8266 보드로 유선 연결은 불가능하고 무선으로 AP 모드처럼 동작이 가능하기 때문에 이를 **soft AP**라고 부릅니다. 참고로 현재 시점의 ESP8266 보드가 soft AP 모드로 동작할 때 접속 가능한 기기(station 모드)의 개수는 최대 8개이며 기본 설정은 4개입니다.

+ 개념 보충 HTTP 상태 코드(HTTP status codes)란?

HTTP 상태 코드는 클라이언트가 보낸 HTTP 요청에 대해 서버의 응답 코드로서, 상태 코드에 따라 요청의 성공과 실패 여부를 판단합니다.

대표적으로 다음과 같은 상태 코드가 있습니다.

- **200**: OK, 요청이 성공적으로 수행되었음을 의미합니다.
- **404**: Not Found, 요청의 규칙이 잘못되었거나 요청한 리소스가 존재하지 않음을 의미합니다. 흔히 볼 수 있는 오류로, 발생 시 아래 그림과 같이 404 에러 페이지를 보여 줍니다.
- **500**: Internal Server Error, 서버에 오류가 발생하여 응답할 수 없음을 의미합니다.

[그림 4.1.19] 404 Not Found

ESP8266 보드를 서버로 만들어 센서값 모니터링하기

- **실습 목표**: ESP8266 보드를 서버로 만들고 스마트폰이나 다른 컴퓨터로 온도와 습도값을 볼 수 있게 해봅니다.

● DHT 온습도 센서 라이브러리 설치

Easy module shield에 연결된 온습도 센서(DHT11)는 라이브러리가 필요한 부품입니다. 그래서 다음 그림과 같이 아두이노 IDE의 메뉴에서 **스케치 > 라이브러리 포함하기 > 라이브러리 관리**를 들어가면 **라이브러리 매니저** 창이 뜹니다. 이 창의 상단 검색란에 **simple DHT**라고 검색하여 아래 그림과 같이 뜨면 **설치** 버튼을 눌러서 라이브러리를 설치해 주세요.

라이브러리 설치가 어렵다면 저자의 블로그(wooduino.tistory.com)에서 라이브러리 파일을 직접 다운받아 보세요. 저자 블로그의 메뉴에서 **책 > 아두이노 통신 프로젝트 > 002.책 실습 참고자료 다운로드**에서 파일을 다운받아 아두이노 IDE 메뉴의 **스케치 > 라이브러리 포함하기 > .ZIP 라이브러리 추가**를 눌러 다운받은 파일을 선택하면 됩니다.

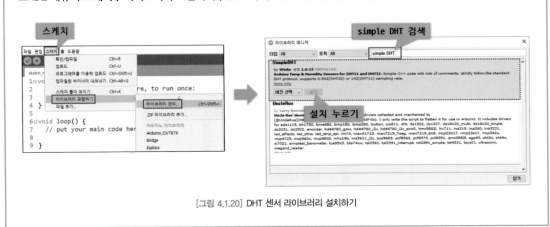

[그림 4.1.20] DHT 센서 라이브러리 설치하기

- **하드웨어 준비**: 다음 그림과 같이 ESP8266 보드에 Easy module shield를 연결하고 USB 케이블을 이용해서 ESP8266 보드를 컴퓨터에 연결합니다. 그리고 이번 실습에서는 WiFi 공유기가 필요합니다.

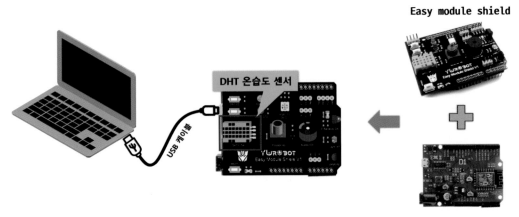

[그림 4.1.21] ESP8266 보드와 Easy module shield 결합하기

이번 실습에서는 다음 그림과 같이 우리 집 WiFi 공유기에 ESP8266 보드, 스마트폰, 노트북을 연결해서 각 기기에 사설 IP를 받아 우리 집 WiFi 네트워크 안에서만 통신을 하는 구조입니다. 이때 ESP8266 보드는 서버 역할로서 온도와 습도값을 알려주는 역할을 하고, 스마트폰과 노트북은 ESP8266 보드에 HTTP 요청(주소를 입력하는 행위 같은 거)을 하여 온도와 습도값을 웹 브라우저로 받아볼 수 있게 됩니다.

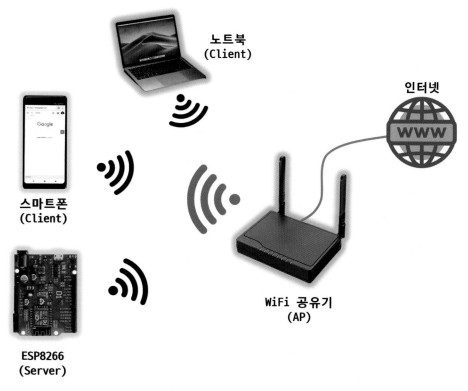

[그림 4.1.22] ESP8266 서버 연결

```
code_4.1.5 §
1  //실습코드 4.1.5
2  #include <ESP8266WiFi.h>      // WiFi 통신 라이브러리
3  #include <ESP8266WebServer.h> // 서버 라이브러리
4  #include <SimpleDHT.h>        // DHT 센서 라이브러리
5
6  const char* ssid = "KT_GiGA_5481";  // 접속할 WiFi이름
7  const char* password = "abcd1234";// WiFi 비밀번호
8
9  int dht11_Pin = D4;  // dht11 핀 번호
10
11 ESP8266WebServer server(80);  // 서버 객체
12 SimpleDHT11 dht11(dht11_Pin); // DHT 센서 객체
13
14 void setup() {
15   Serial.begin(115200);
16   WiFi.begin(ssid, password); // WiFi에 접속하기
17
18   while(WiFi.status() != WL_CONNECTED){//WiFi에 연결이 되었나?
19     delay(1000);
20     Serial.print(".");    // WiFi 연결되지 않았으면 점(.)표시
21   }
22   Serial.println();
23   Serial.println("WiFi connected..!");
24   Serial.print("IP: ");
25   Serial.println(WiFi.localIP()); // 공유기가 할당해준 로컬ip확인
26
27   // 클라이언트의 HTTP 요청에 대응하여 서버에서 실행할 함수
28   server.on("/", handle_display_sensor);
29   server.onNotFound(handle_NotFound);
30   server.begin();    // 서버 실행
31 }
32
33 void loop() {
34   server.handleClient(); // 실제 HTTP 요청을 처리하는 함수
35 }
36
37 void handle_display_sensor() {  // 온습도값을 응답하는 함수
38   byte temperature = 0;
39   byte humidity = 0;
40   int err = SimpleDHTErrSuccess;
41
42   // 온도와 습도 센서값 가져오기
43   if ((err = dht11.read(&temperature, &humidity, NULL)) != SimpleDHTErrSuccess) {
44     Serial.print("Read DHT11 failed");
45     return;
46   }
47   // 온도와 습도 센서값을 클라이언트로 보내기
48   server.send(200, "text/html", SendHTML(temperature,humidity));
49 }
50
51 void handle_NotFound(){ // 잘못된 HTTP 요청에 응답하는 함수
52   server.send(404, "text/plain", "Not found");
53 }
54
55 String SendHTML(byte temperature,byte humidity){ // HTML 형태로 데이터 가공
56   String html = "<!DOCTYPE html> <html>\n";
57   html +="<h1>Temperature: ";
58   html +=temperature;
59   html +="'C</h1>";
60   html +="<h1>Humidity: ";
61   html +=humidity;
62   html +="%</h1>";
63   html +="</html>\n";
64   return html;
65 }
```

[실습코드 4.1.5]를 ESP8266 보드에 업로드한 후 시리얼 모니터를 열어 주세요. 시리얼 모니터에 점(.)이 몇 개 출력되다가 아래 그림의 빨간 네모 친 부분처럼 사설 IP가 나타날 것입니다. 이 IP는 ESP8266이 우리 집 WiFi 공유기에 접속하여 부여 받은 사설 IP입니다. 저자의 사설 IP값은 172.30.1.55이지만, 여러분은 아마 다른 값이 나올 겁니다(여러분이 부여 받은 값으로 실습을 진행하셔야 합니다). 이제 스마트폰이나 노트북으로 똑같이 우리 집 WiFi에 접속한 후 웹 브라우저(크롬이나 사파리 등)를 열어 봅니다. 웹 브라우저의 주소창에 ESP8266의 사설 IP 주소값을 입력해 보세요(절대 책과 똑같은 IP 주소값을 입력하지 말고 여러분이 시리얼 모니터에서 확인한 IP 주소값을 입력해야 합니다).

그러면 아래 그림처럼 온도(Temperature)와 습도(Humidity)값이 나타날 것입니다. 값은 자동으로 갱신되지는 않고 주소창에 새롭게 IP 주소를 입력할 때마다 새로운 값으로 갱신되는 구조입니다.

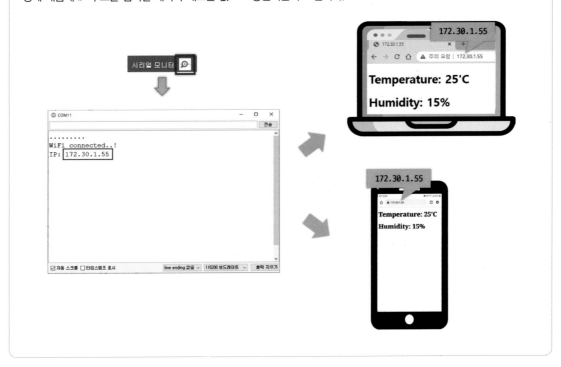

▣ 한 줄씩 코드 설명 (실습코드 4.1.5)

2: WiFi 통신에 필요한 라이브러리입니다.

3: 서버 코딩에 필요한 라이브러리입니다. 서버 명령어를 이용함으로써 클라이언트(스마트폰, 노트북 등)의 HTTP 요청 시 응답을 쉽게 할 수 있습니다.

6~7: 우리 집 WiFi 공유기의 이름과 비밀번호입니다(여러분이 사용하는 WiFi 공유기의 이름과 비밀번호를 따옴표(" ") 안에 입력하시면 됩니다).

9: ESP8266 보드에 연결된 DHT 온습도 센서의 핀 번호를 설정합니다.

11: ESP8266가 서버 역할을 할 때 사용할 포트 번호 설정입니다.

12: DHT 온습도 센서의 객체를 설정합니다.

16: ESP8266 보드를 우리 집 WiFi에 접속시키는 코드입니다.

18~21: ESP8266 보드가 WiFi에 연결이 되었는지 검사하는 부분입니다.

22~25: ESP8266 보드가 WiFi 공유기로부터 할당 받은 사설 IP 주소값을 시리얼 모니터에 출력합니다.

28~29: 클라이언트(스마트폰, 노트북 등)가 ESP8266 보드에 HTTP 요청(예를 들면 IP 주소를 웹 브라우저 주소창에 입력하는 행위)을 할 시 ESP8266이 서버로서 요청에 대응을 할 것입니다. 이때 실행할 함수를 정의하는 코드입니다. server.on(HTTP 요청 URL, 요청이 들어올 시 실행할 함수)으로 구성됩니다.

30: 서버를 실행하는 코드입니다.

34: 실제로 클라이언트의 HTTP 요청을 감지하여 처리하는 함수입니다.

37~49: HTTP 요청에 응답하여 온도와 습도값을 알려주는 함수입니다. 38 ~ 46번 줄은 온도(temperature)와 습도(humidity)값을 측정하여 변수에 저장하는 코드입니다. 이렇게 하면 변수 temperature에는 온도값, 변수 humidity에는 습도값이 저장되게 됩니다. 이 변수값을 server.send 함수를 이용해 보냅니다.
server.send 함수는 HTTP 요청에 응답하는 함수로, server.send(HTTP 상태 코드, 콘텐츠 타입, 전송할 콘텐츠)로 구성됩니다. HTTP 상태 코드로 200이 의미하는 것은 'OK'로써 HTTP 요청이 성공적으로 되었다는 뜻입니다. 전송할 콘텐츠는 클라이언트에게 전송할 데이터를 의미하고 여기서는 HTML이라는 새로운 형태로 데이터를 가공하기 위해 **SendHTML** 함수로 처리했습니다. 이 함수로 온습도 변수값이 넘겨질 것입니다. 콘텐츠 타입은 전송할 콘텐츠 유형을 정하는 부분으로, 여기서는 HTML 형태의 데이터를 의미하는 **text/html**을 입력합니다.

51: 잘못된 HTTP 요청에 응답하는 함수입니다.

55~65: 클라이언트의 웹 브라우저에 온도값과 습도값 한 줄씩 보기 좋게 나타나게 하려면 그냥 문자열 데이터로 응답을 주는 것보다 HTML 형태로 응답을 주는 것이 좋습니다. HTML 문법을 이용하여 온도와 습도값을 더 예쁘게 나타나게 할 수도 있지만, 여기에서는 간단히 나타내었습니다.

+ 개념 보충   서버(Server)와 클라이언트(Client)

서버는 식당에서 서빙(serving)하는 사람처럼 뭔가를 제공하는 측이고, 클라이언트는 손님처럼 뭔가를 요청해 제공 받는 측을 뜻합니다. 인터넷에서 서버는 데이터나 웹 페이지를 저장하고 있다가 클라이언트가 요청하는 것에 맞춰서 데이터나 웹 페이지를 제공해 주는 프로그램입니다. 인터넷에서 클라이언트는 스마트폰이나 컴퓨터에 있는 앱이나 웹 브라우저를 지칭하는데, 그 이유는 대부분 앱과 웹 브라우저 프로그램에서 웹 요청을 주로 하기 때문입니다.

+ 개념 보충   HTML이란?

HTML은 Hyper Text Markup Language의 약자로, Hyper-Text(텍스트로 구성된 하나의 페이지에서 다른 페이지로 이동하는 것) 기능을 가진 문서를 만드는 언어입니다. 쉽게 말해 우리가 인터넷에서 보는 웹 페이지를 만들기 위한 언어(명령어)라고 할 수 있습니다. HTML에 대한 더 자세한 내용을 원하거나 실습을 해보고 싶다면 아래의 w3school 사이트가 도움이 되실 겁니다.

[w3school 사이트] https://www.w3schools.com/html/default.asp

이 챕터에서는 WiFi 통신을 이용하여 더 다양한 실습을 소개하겠습니다. **4.1 WiFi 통신 기초**를 잘 따라하셨다면 이번 실습이 여러분에게 유용하고 재밌게 다가올 겁니다. 그럼 시작해 보겠습니다.

실습 1   HTML로 버튼 만들어 ESP8266 서버의 LED 제어하기

- **실습 목표**: WiFi 통신을 이용하여 ESP8266 보드를 웹 서버로 설정하고, HTML 코드로 버튼을 만들어 LED를 원격으로 제어해 봅니다.

  이번 실습에서는 ESP8266 보드를 서버로 설정합니다. 그리고 다음 그림과 같이 WiFi 영역 안에서 클라이언트가 화면상의 버튼을 눌러 ESP8266 보드에 LED를 ON/OFF하는 요청을 보내면, 그에 대한 응답을 보냄과 동시에 LED가 ON/OFF되는 동작을 해보겠습니다.

[그림 4.2.1] ESP8266 서버 연결 및 원격 LED 제어

- **하드웨어 준비**: 다음 그림과 같이 ESP8266 보드를 Easy module shield와 결합합니다. 그리고 USB 케이블을 이용해서 EPS8266 보드를 컴퓨터에 연결합니다. 그리고 WiFi 접속이 가능한 환경에서 실습을 진행해 주세요.

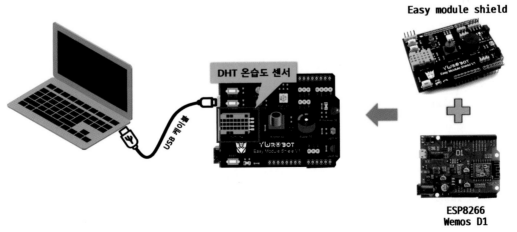

[그림 4.2.2] ESP8266 보드와 Easy module shield 결합하기

```
code_4.2.1 §
1   //실습코드 4.2.1
2   #include <ESP8266WiFi.h>      // WiFi 통신 라이브러리
3   #include <ESP8266WebServer.h> // 서버 라이브리러
4
5   const char* ssid = "KT_GiGA_5481";  // WiFi 이름
6   const char* password = "abcd1234";// WiFi 비밀번호
7   ESP8266WebServer server(80);  // 서버 객체
8   byte LED_pin = D12;    // LED 핀 번호
9
10  // HTML 코드(플래시 메모리 저장)
11  char webpage[] PROGMEM = R"====(
12  <html>
13    <head>
14    </head>
15    <body>
16      <form action="/toggle">
17        <button style="font-size:100px; padding:30px;"> TOGGLE </button>
18      </form>
19    </body>
20  </html>
21  )====";
22
23  void setup() {
24    pinMode(LED_pin, OUTPUT);    // LED 출력모드
25    WiFi.begin(ssid,password);  // WiFi 접속하기
26    Serial.begin(115200);
27    while(WiFi.status()!=WL_CONNECTED) { // WiFi에 연결이 되었나?
28      Serial.print(".");
29      delay(500);
30    }
31    Serial.println("");
32    Serial.print("IP: ");
33    Serial.println(WiFi.localIP()); // 로컬 IP주소 확인
34
35    // 클라이언트의 HTTP요청에 대응하여 서버에서 실행할 함수
36    server.on("/",homePage);
37    server.on("/toggle",toggleLED);
38    server.begin(); // 서버 실행
39  }
40
41  void loop() {
42    server.handleClient();  //실제 HTTP 요청을 처리하는 함수
43  }
44
45  void homePage() { // 첫 화면 Hello World
46    server.send(200,"text/html","<h1>Hello World!</h1>");
47  }
48
49  void toggleLED() {  // LED 토글 함수
50    digitalWrite(LED_pin,!digitalRead(LED_pin)); // LED 상태값 반전
51    server.send_P(200,"text/html", webpage);    // HTML 코드 전송
52  }
```

[실습코드 4.2.1]을 ESP8266 보드에 업로드한 후 시리얼 모니터에 뜨는 IP 주소를 확인해 주세요. 그리고 ESP8266 보드를 접속시킨 WiFi 신호에 다른 노트북이나 스마트폰을 접속시키고, 웹 브라우저를 열어서 아래 그림과 같이 **IP 주소/toggle**을 주소창에 입력하세요. 그러면 **TOGGLE**이라는 큰 버튼이 나타날 겁니다.

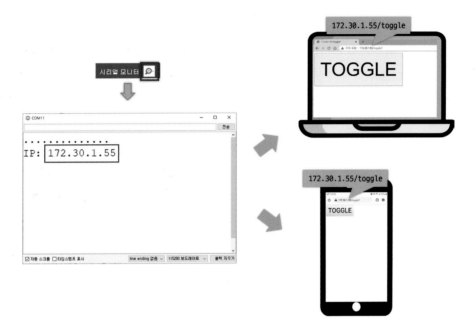

이제 TOGGLE이라는 버튼을 클릭하거나 터치하면서 버튼을 누를 때마다 빨간색 LED(D12번 핀)가 ON/OFF되는지 확인해 주세요.

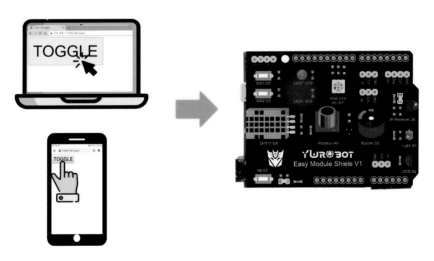

▣ 한 줄씩 코드 설명 (실습코드 4.2.1)

2: WiFi 통신에 필요한 라이브러리입니다.

3: 서버 코딩에 필요한 라이브러리입니다.

5~6: ESP8266 보드와 클라이언트를 접속시킬 WiFi 이름과 비밀번호입니다.

7: 서버 객체입니다.

8: 클라이언트에서 버튼으로 제어할 LED 핀 번호입니다.

11~21: 웹 브라우저에 버튼 모양 하나를 생성하기 위해 HTML 코드를 구성한 부분입니다. HTML 코드를 변수에 저장할 때 **PROGMEM**이라는 명령어를 추가하면 ESP8266의 램(RAM)보다 더 큰 지정 공간인 '플래시(Flash) 메모리'를 이용합니다. 따라서 많은 양의 HTML 코드를 저장하기에 편리합니다. 그리고 **R**이라는 명령어를 사용하면 HTML 코드를 눈에 보기 좋게 구성할 수 있는 장점이 있습니다.

HTML 명령어 중에 〈form action="/toggle"〉은 클라이언트에서 버튼을 누를 때 서버쪽으로 HTTP 요청을 보내는 주소값으로 "/toggle"을 보내겠다는 의미입니다. 이는 마치 우리가 웹 브라우저 주소창에 172.30.1.55/toggle을 직접 입력해서 보내는 것과 같습니다. HTML에 대한 더 자세한 내용은 **+ 개념 보충**을 참고해 주세요.

24~33: 앞에서 실습했던 것과 거의 똑같은 부분으로 설명을 생략합니다.

36~37: 서버에 요청이 들어오면 실행할 함수를 설정합니다.

45~47: 클라이언트에서 로컬 IP 주소(172.30.1.55)를 입력하면 'Hello World!' 문장을 HTML 형태로 되돌려주는 함수입니다.

49~52: HTML로 코딩한 버튼(TOOGLE)을 누를 시 toogleLED() 함수가 실행되고, 이 함수 안에서는 LED를 ON/OFF한 후 webpage(HTML 코드가 저장된 변수)를 클라이언트로 전송해 줍니다. !digitalRead(핀 번호) 명령어에서 '!(not)'는 참을 거짓으로, 거짓을 참으로 반전시키는 명령어입니다. digitalRead(핀 번호)로 LED 핀의 상태값을 읽었을 때, LED가 꺼진 상태이면 전기가 없는 것이기 때문에 거짓으로 인식되어 'digitalRead(핀 번호) = 0'이 됩니다. 반대로 LED가 켜진 상태이면 전기가 있는 것이기 때문에 참으로 인식되어 'digitalRead(핀 번호) = 1'이 됩니다. 이 0과 1의 상태값을 '!'를 사용하여 반전(0이면 1이 되고, 1이면 0이 되는)시키기 때문에 LED가 ON/OFF 됩니다. 이렇게 두 가지 상태값(0과 1)을 왔다 갔다 하는 것을 **토글(toggle)**이라고 부릅니다.

HTML은 직접 실습을 해보면 쉽게 이해할 수 있습니다. CODEPEN(코드펜) 사이트를 이용해 간단한 HTML 코딩을 해보겠습니다.

인터넷 주소창에 **codepen.io**를 입력하여 아래와 같은 사이트가 뜨면 **Start Coding**을 눌러 코딩 화면으로 이동해 주세요.

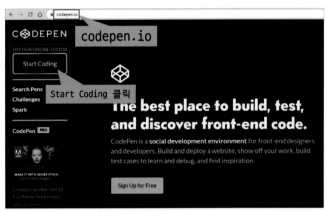

[그림 4.2.3] codepen 접속

화면 상단은 코딩하는 부분이고 하단은 코딩한 결과를 실시간으로 확인하는 부분입니다. 화면 왼쪽 상단의 HTML 코딩 영역에 아래 그림과 같이 코딩해 보세요. 그러면 하단에 TOGGLE이라는 큰 회색 버튼이 나타날 겁니다. 이로써 여러분은 글자 크기는 100px에, 상하좌우 여백이 30px인 버튼 하나를 만드는 HTML 명령어를 직접 실행해본 것입니다.

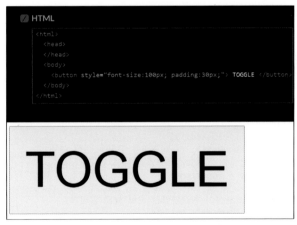

[그림 4.2.4] HTML로 버튼 만드는 코딩

HTML의 명령어는 내용이 방대하기 때문에 아래의 사이트를 참고해서 읽어 보시는 것을 추천해 드립니다. 참고하면서 실습해 보면 HTML 명령어에 어느 정도 감을 잡을 수 있을 겁니다.

[HTML 정보 추천 사이트] https://www.w3schools.com/html/default.asp

Javascript를 추가해 ESP8266 서버의 페이지 업그레이드하기

- **실습 목표**: 앞의 [실습 1]에서 2가지 사항을 더 개선해 보려고 합니다.

  - LED가 ON인지 OFF인지 웹 페이지에서도 알 수 있게끔 나타냅니다.
  - 기존에는 웹 페이지에서 토글 버튼을 누르면 웹 페이지 전체가 새롭게 갱신되었는데(화면이 새로고침 되는 효과), 이번에는 전체가 아닌 필요한 부분만 갱신되도록 합니다.

  위 두 가지를 실현하기 위해 HTML과 더불어 Javascript라는 새로운 프로그래밍 언어를 사용할 것입니다.

- **하드웨어 준비**: 앞의 실습에서 다뤘던 [그림 4.2.2]와 같이 ESP8266 보드를 Easy module shield와 결합합니다. 그리고 USB 케이블을 이용해서 EPS8266 보드를 컴퓨터에 연결합니다. 그리고 WiFi 접속이 가능한 환경에서 실습을 진행해 주세요.

실습코드 4.2.2

```
code_4.2.2§
1  //실습코드 4.2.2
2  #include <ESP8266WiFi.h>       // WiFi 통신 라이브러리
3  #include <ESP8266WebServer.h> // 서버 라이브러리
4
5  const char* ssid = "KT_GiGA_5481";  // WiFi 이름
6  const char* password = "abcd1234";// WiFi 비밀번호
7  ESP8266WebServer server(80); // 서버 객체
8  byte LED_pin = D12;   // LED 핀 번호
9  // HTML 코드(플래시 메모리 저장)
10 char webpage[] PROGMEM = R"====(
11 <html>
12   <head></head>
13   <body>
14     <p> LED Status: <span id="led-state">__</span> </p>
15     <button onclick="myFunction()"> TOGGLE </button>
16   </body>
17   <script>
18     function myFunction() {
19       console.log("button was clicked!");
20       var xhr = new XMLHttpRequest(); // 비동기적 요청을 위한 객체
21       var url = "/ledstate";     // Ajax 요청을 보내는 경로값(url)
22       xhr.onreadystatechange = function() {
23         if(this.readyState == 4 && this.status == 200) {
24           // readyState == 4(요청이 완료되었고 서버 응답 준비됨)
25           // status == 200(요청에 대한 OK 응답)
26           document.getElementById("led-state").innerHTML = this.responseText;
27             // id="led-state"인 요소에 HTML형태로 응답값(LED ON/OFF)넣기
28         }
29       };
30       xhr.open("GET", url, true); // 비동기 방식으로 url(/ledstate)경로를 요청하기 위한 준비
31       xhr.send(); // 준비한 요청을 서버에 보내기
32     };
33     document.addEventListener("DOMContentLoaded", myFunction, false);
34     // webpage가 불러와질 때마다 myFunction을 실행하게 만들기
35   </script>
36 </html>
```

```
37  )====";
38
39  void setup() {
40    pinMode(LED_pin, OUTPUT);   // LED 출력모드
41    WiFi.begin(ssid,password); // WiFi 접속하기
42    Serial.begin(115200);
43    while(WiFi.status()!=WL_CONNECTED) { // WiFi에 연결이 되었나?
44      Serial.print(".");
45      delay(500);
46    }
47    Serial.println();
48    Serial.print("IP: ");
49    Serial.println(WiFi.localIP()); // 로컬 IP주소 확인
50
51    // 클라이언트 요청에 대해 서버가 응답할 함수
52    server.on("/",homePage);
53    server.on("/ledstate",getLEDState);
54    server.begin();
55  }
56
57  void loop() {
58    server.handleClient();  // HTTP 요청 처리 함수
59  }
60  void homePage() { // HTML 코드 응답 함수
61    server.send_P(200,"text/html", webpage);
62    // webpage가 플래시 메모리에 저장되어 있어서 send가 아닌 send_P를 사용해야함
63  }
64  void toggleLED() { // LED 토글 함수
65    digitalWrite(LED_pin,!digitalRead(LED_pin));
66  }
67  void getLEDState() { // LED 상태값을 전달하는 함수
68    toggleLED();
69    String led_state = digitalRead(LED_pin) ? "ON" : "OFF";
70    server.send(200,"text/plain", led_state);
71  }
```

[실습코드 4.2.2]를 ESP8266 보드에 업로드한 후 ESP8266 보드가 접속한 WiFi와 동일한 네트워크로 컴퓨터 또는 스마트폰을 접속시킵니다. 그리고 시리얼 모니터를 열어서 나타나는 IP 주소(저자는 172.30.1.16)를 컴퓨터나 스마트폰의 웹 브라우저의 주소창에 입력하면 다음 그림과 같이 **LED Status: OFF(또는 ON)**이라는 문구, TOGGLE 버튼이 나타날 겁니다. TOGGLE 버튼을 클릭하면 웹 페이지 전체가 새로고침 되지 않고 **ON, OFF** 글자만 바뀔 것입니다. 그리고 Easy module shield의 D12번 핀의 빨간 LED가 ON/OFF되는 것을 확인할 수 있을 것입니다.

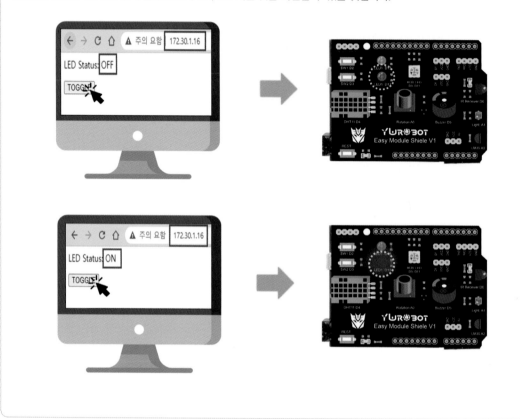

▣ 한 줄씩 코드 설명 (실습코드 4.2.2)

2~8: 앞의 실습과 거의 같은 내용이라서 이 부분의 설명을 생략합니다.

10~37: 많은 용량을 저장할 수 있는 플래시 메모리에 HTML과 Javascript 코드를 저장합니다. 여기서의 핵심 내용은 웹 페이지의 전체 갱신(새로고침) 없이 필요한 부분만(ON, OFF 글자만) 바꾸어 서버가 응답해주는 것입니다. 내용이 생소하실 수 있지만 간단한 주석으로 설명을 대신합니다. 비동기 Javascript(Ajax) HTTP Request에 대해서 자세히 알고 싶으신 분은 아래의 링크에서 내용을 참고하거나 저자의 블로그를 방문해 주세요.

[Ajax란?] https://www.w3schools.com/whatis/whatis_ajax.asp
[XML HttpRequest란?] https://www.w3schools.com/xml/xml_http.asp
[저자의 블로그] https://wooduino.tistory.com

39~59: 앞에서의 실습과 비슷한 부분이라 설명을 생략합니다.

61: 플래시 메모리에 저장된 HTML 코드를 전송할 때는 send_P라는 함수를 사용해야 합니다.

64: LED의 상태를 반전시키는 함수입니다.

67~71: getLEDState() 함수는 클라이언트에서 IP 주소/ledstate를 입력하거나 TOGGLE 버튼을 누르면 실행됩니다. 이 함수는 LED의 상태값에 따라 ON, OFF 문자열을 led_state 변수에 저장하여 문자열 데이터를 응답해주는 기능을 합니다.

+ 개념 보충 **삼항 연산자**

69번째 줄 `String led_state = digitalRead(LED_pin)` ? "ON" : "OFF"; 에서 사용된 ?와 :는 삼항 연산자입니다. 삼항 연산자는 if~else 구문과 같은 역할을 하며 한 줄에 짧게 사용할 수 있는 유용한 문법입니다. 사용 방법은 아래와 같습니다.

[삼항 연산자 문법]
(참/거짓) 판단할 변수 ? 참일 때 값: 거짓일 때 값;

[예시]
`boolean data = a == 1` ? `true : false;`
// a가 1과 같으면 true를 data에 저장, 그렇지 않으면 false를 data에 저장

+ 개념 보충 **Javascript(자바스크립트)란?**

Javascript는 웹 페이지에 생동감을 불어 넣어주는 프로그래밍 언어로, Javascript가 웹 페이지에서 하는 일을 요약하면 다음과 같습니다.

- 페이지에 새로운 HTML을 추가하거나 기존 HTML 또는 디자인 수정하기
- 마우스 클릭이나 키보드 키 눌림 등과 같은 사용자 입력에 반응하기
- 네트워크를 통해 원격 서버에 요청을 보내거나, 파일 다운로드, 업로드하기(AJAX나 COMET과 같은 기술 사용)
- 쿠키를 가져오거나 설정하기. 사용자에게 질문을 건네거나 메시지 보여주기
- 클라이언트 측에 데이터 저장하기(로컬 스토리지)

Javascript에 대한 자세한 설명은 아래의 페이지를 참고하시길 바랍니다.
[Javascript에 대한 상세한 정보] https://www.w3schools.com/js/default.asp

유무선 통신을 이용한 아두이노 프로젝트

ESP8266 보드를 이용하여 다양한 응용 프로젝트를 진행해 봅니다. 외부 IoT 플랫폼을 이용하거나 직접 스마트폰 앱을 만들어 스마트홈 프로젝트를 진행해 보고, 데이터 관리를 위해 Google의 Firebase라는 데이터베이스를 접목시켜 봅니다. 또한 Google Assistant를 이용하여 음성으로 LED를 원격 제어하는 통신 프로젝트를 진행해 봅니다.

5.1 IoT 사이트(Adafruit IO)를 이용해 어디서든 스마트홈 제어하기

이번 챕터에서는 앞에서 익혔던 유/무선 통신 방법을 이용한 응용 프로젝트를 진행해 볼 것입니다. 그 첫 번째 실습으로, ESP8266 보드의 WiFi 통신을 이용하여 집 밖에서도 우리 집 안의 LED를 제어하거나 센서값을 볼 수 있는 스마트홈 프로젝트를 시작하겠습니다.

우선 프로젝트를 시작하기 전에 스마트홈에 대해 간단히 이해하고, 실습을 진행하기 위해 어떤 지식이 필요한지 알아보겠습니다.

스마트홈(Smart Home)은 장소에 구애받지 않고 우리 집의 각종 전자 기기를 제어하는 것으로, 새롭게 짓는 건물에 많이 들어가는 기술입니다. 스마트홈 기술을 이용하면 다음과 같은 제어를 할 수 있습니다.

- 날이 어두워질 때 스마트폰 앱을 이용해 우리 집 전등을 미리 켜기
- 집에 도착하기 전에 보일러나 에어컨을 원격 제어해 우리 집 실내 온도 조절하기
- 실내 카메라를 스마트폰 앱과 연동해 우리 집 상황 실시간으로 확인하기

스마트홈 기술을 구현하기 위해서는 클라이언트 화면과 서버 프로그램이 필요합니다. 이 모든 것을 모두 만드는 것은 꽤 어렵지만, **Adafruit IO**라는 IoT 서비스 사이트의 도움을 받으면 무료로 쉽게 구현할 수 있습니다. 따라서 ESP8266 보드의 WiFi 통신과 Adafruit IO 웹 사이트를 이용하여 우리 집을 스마트홈으로 만드는 기초 실습을 진행해 보도록 하겠습니다.

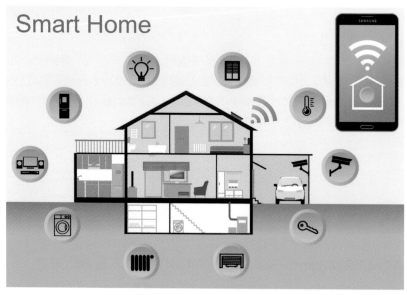

[그림 5.1.1] 스마트홈

실습 1   IoT 사이트(Adafruit IO)를 이용해 우리 집을 스마트홈으로 만들기

- **실습 목표**: ESP8266 보드를 인터넷에 접속시키고 Adafruit IO 서비스를 이용하여 우리 집을 스마트홈으로 만들어 봅니다.

● Adafruit IO Arduino 라이브러리 설치

이번 실습을 진행하려면 Adafruit IO Arduino 라이브러리가 필요합니다. 다음 그림을 참고하여 라이브러리를 설치해 주세요.

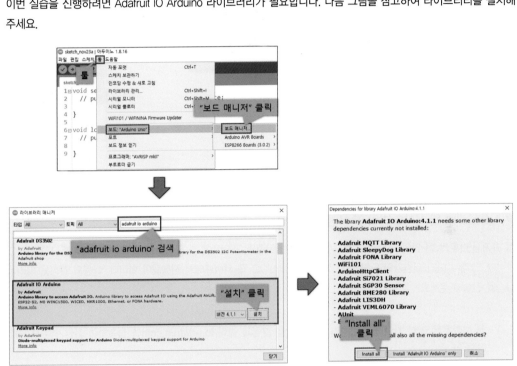

[그림 5.1.2] Adafruit IO Arduino 라이브러리 설치하기

Adafruit IO Arduino 라이브러리를 검색해 설치하기 시작하면 **Would you like to install also all the missing dependencies?**라는 메시지가 나타날 것입니다(그림 5.1.2의 오른쪽 창 하단 문구). 위에 나열된 라이브러리 목록 중에는 실습에 필요한 것도 있으니 **Install all**을 눌러서 모두 설치하시면 됩니다. 만약 이런 질문을 하는 메시지 창이 안 뜨면 라이브러리 파일을 이미 설치했거나 오류가 났을 수도 있습니다. 이러할 경우에는 저자의 블로그 (https://wooduino.tistory.com)의 **002.책 실습 참고자료 다운로드**에 라이브러리 파일을 업로드해 놨으니 필요하시면 다운받아 사용하시면 됩니다.

* 저자의 블로그에서 제공하는 라이브러리는 ZIP 압축 파일이라서 **.zip 라이브러리 추가**를 이용해 설치하면 됩니다. 자세한 설치 방법은 CHAPTER 03의 [그림 3.1.2]를 참고해 주세요.

- **하드웨어 준비**: 다음 그림과 같이 ESP8266 Wemos D1 보드에 Easy module shield를 연결합니다. 그리고 USB 케이블을 이용해서 아두이노를 컴퓨터에 연결합니다.

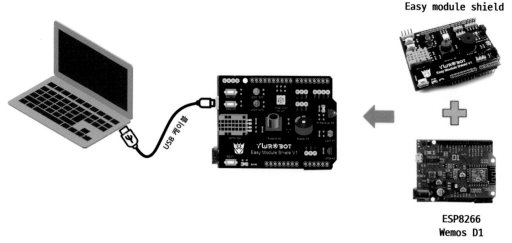

[그림 5.1.3] ESP8266 보드 준비

● Adafruit IO 웹 사이트 가입 및 사전 설정 작업

집 밖에서도 우리 집 안의 ESP8266 보드를 제어하는 일종의 '스마트홈'을 구축하기 위해 Adafruit IO를 사용하려고 합니다. 그래서 미리 회원가입과 몇 가지 설정을 Adafruit IO 웹 사이트에서 진행해야 합니다. 다음의 과정을 따라서 실습을 진행해 주세요.

01   웹 브라우저(크롬, 사파리 등)를 하나 열고 다음 그림과 같이 **io.adafruit.com**에 접속하여 회원가입 후 로그인을 합니다.

[그림 5.1.4] Adafruit IO 로그인 하기

02 로그인 후 상단 메뉴에서 **My Key**를 클릭합니다. 그러면 다음 그림과 같이 여러 가지 정보가 나타나는데, 여기에서 **Username**과 **Active Key** 값을 [실습코드 5.1.1]의 4, 5번 줄의 변수에 각각 입력해 줍니다. 정확한 방법은 [그림 5.1.5]를 참고해 주세요.

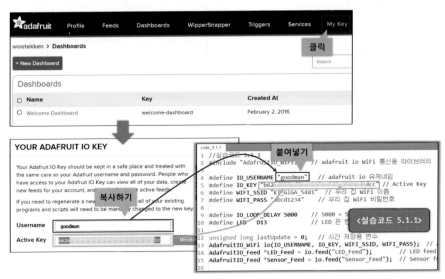

[그림 5.1.5] Username과 Active Key 값을 [실습코드 5.1.1]에 입력하기

03 이제 다음 그림과 같이 **myESP8266-Dashboard**라는 이름의 대시보드(화면에 버튼과 그래프 등의 그림들이 나타나는 곳)를 하나 만들어 줍니다(대시보드 Name은 자유롭게 지을 수 있습니다). 그리고 만들어진 **myESP8266-Dashboard**를 클릭해서 대시보드 화면으로 들어갑니다.

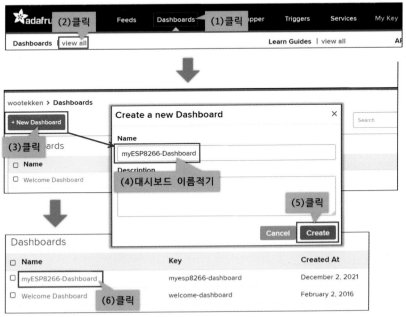

[그림 5.1.6] 대시보드 하나 만들기

04 **myESP8266–Dashboard**로 들어가면 빈 대시보드 화면이 나타납니다. 이 대시보드에 스위치 블록과 센서 게이지 블록을 추가해볼 것입니다. 먼저 다음 그림과 같이 스위치(Switch) 블록을 하나 추가합니다.

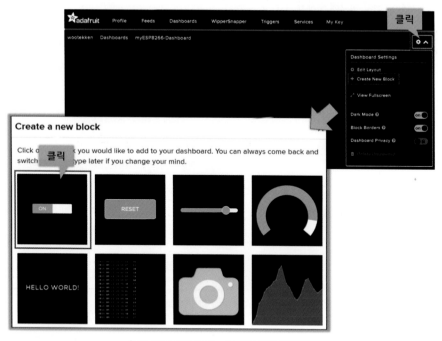

[그림 5.1.7] 대시보드에 switch 블록 하나 추가하기

05 스위치 블록은 ESP8266 보드의 어떤 변수와 연결이 되어야 합니다. 그래서 다음 그림과 같이 **LED_Feed**라는 새로운 Feed를 생성해주고, [실습코드 5.1.1]의 14번 줄에 Feed 이름을 넣어 줍니다(Adafruit IO에서 **Feed**의 개념은 LED나 센서 모듈 같은 하나의 기기라고 보시면 됩니다).

[그림 5.1.8] LED_Feed 입력하기

06 스위치 블록을 클릭할 때 ESP8266 보드로 전송될 값으로 Button On Value는 **1**, Button Off Value는 **0**으로 입력한 후, 오른쪽 하단의 **Create block**을 눌러 스위치 블록을 생성해 줍니다.

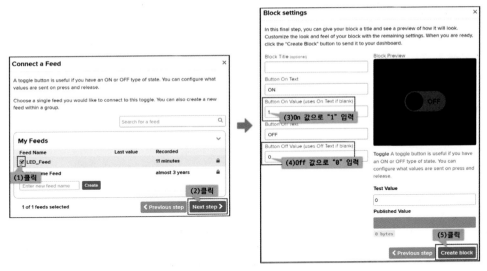

[그림 5.1.9] switch ON/OFF 값으로 1과 0 입력하고 블록 생성하기

07 이번에는 센서값을 모니터링할 수 있는 게이지 바를 추가해 보겠습니다. 04번과 같은 방법으로 같이 게이지(Gauge) 블록을 다음 그림과 같이 하나 추가해 줍니다.

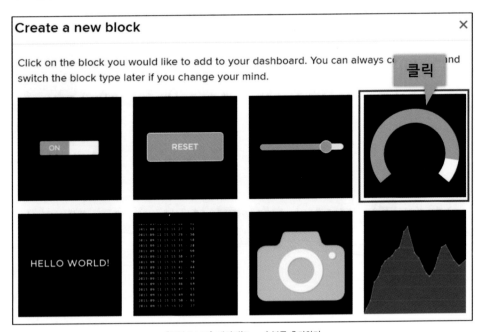

[그림 5.1.10] 게이지(Gauge) 블록 추가하기

08 추가한 게이지 블록은 ESP8266 보드의 어떤 변수와 연결이 되어야 합니다. 그래서 다음 그림과 같이 **Sensor_Feed**라는 새로운 Feed를 생성해주고, [실습코드 5.1.1]의 15번 줄에 Feed 이름을 넣어 줍니다.

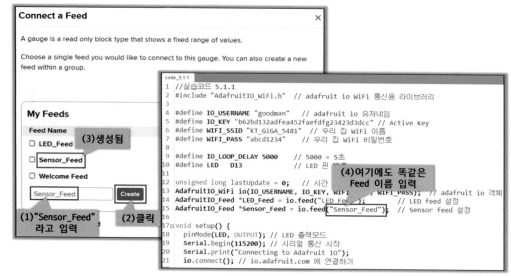

[그림 5.1.11] Sensor_Feed 입력하기

09 게이지의 최소값과 최대값을 확인하고 **Create block**을 눌러 게이지 블록을 생성해 줍니다.

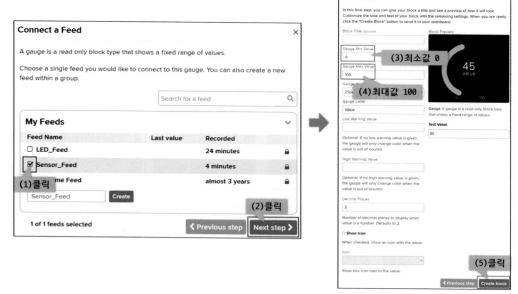

[그림 5.1.12] 게이지 블록 생성하기

⑩ 다음 그림과 같이 스위치와 게이지가 잘 나타나면 Adafruit IO에서 대시보드 꾸미기와 설정이 모두 완료된 것입니다. 이제 [실습코드 5.1.1]을 ESP8266 보드에 업로드하러 가면 됩니다.

[그림 5.1.13] 스위치와 게이지 확인하기

실습코드 5.1.1

```
code_5.1.1
1  //실습코드 5.1.1
2  #include "AdafruitIO_WiFi.h"  // adafruit io WiFi 통신용 라이브러리
3
4  #define IO_USERNAME "goodman"    // adafruit io 유저네임
5  #define IO_KEY "b62bd132adfea452faefdfg23423d3dcc" // Active Key
6  #define WIFI_SSID "KT_GiGA_5481"  // 우리 집 WiFi 이름
7  #define WIFI_PASS "abcd1234"     // 우리 집 WiFi 비밀번호
8
9  #define IO_LOOP_DELAY 5000     // 5000 = 5초
10 #define LED    D13            // LED 핀 번호
11
12 unsigned long lastUpdate = 0;   // 시간 저장용 변수
13 AdafruitIO_WiFi io(IO_USERNAME, IO_KEY, WIFI_SSID, WIFI_PASS);  // adafruit io 객체
14 AdafruitIO_Feed *LED_Feed = io.feed("LED_Feed");        // LED feed 설정
15 AdafruitIO_Feed *Sensor_Feed = io.feed("Sensor_Feed");  // Sensor feed 설정
16
17 void setup() {
18   pinMode(LED, OUTPUT); // LED 출력모드
19   Serial.begin(115200); // 시리얼 통신 시작
20   Serial.print("Connecting to Adafruit IO");
21   io.connect(); // io.adafruit.com 에 연결하기
22
23   //adafruit io 사이트로부터 메세지가 전달되면 handleMessage함수 실행되게
24   LED_Feed->onMessage(handleMessage);
25
```

```
26 ⊟  while(io.status() < AIO_CONNECTED) { // adafriot io 연결하기
27      Serial.print(".");
28      delay(500);
29    }
30
31    Serial.println();
32    Serial.println(io.statusText()); // adafruit io 연결상태 확인
33    LED_Feed->get();     // LED feed 데이터 값 받아오는 기능 작동시키기
34
35 }
36
37 ⊟void loop() {
38    io.run(); // io.adafruit.com에 연결과 입력 데이터 처리하기
39
40 ⊟  if (millis() > (lastUpdate + IO_LOOP_DELAY)) {  // 5초에 한번씩 if문 실행됨
41      int sensor_value = map(analogRead(A0),0,1023,0,100);   // 센서값 측정 및 저장
42      Serial.print("sending -> ");
43      Serial.println(sensor_value);
44      Sensor_Feed->save(sensor_value);  // 센서값으 adafruit io의 Sensor feed로 전송
45      lastUpdate = millis();  // 시간 업데이트
46    }
47 }
48
49 // LED_Feed 메세지가 들어올때 마다 실행되는 함수
50 ⊟void handleMessage(AdafruitIO_Data *data) {
51    Serial.print("received <- ");
52    Serial.println(data->value());  // adafruit io로 부터 받은 data값 출력
53    int led_status = data->toInt(); // 문자형 data를 정수로 바꾸기
54    digitalWrite(LED, led_status);  // LED 상태값에 적용(1/0)
55 }
```

[실습코드 5.1.1]의 WIFI_SSID와 WIFI_PASS 값을 여러분 집 WiFi로 바꿉니다. 그 코드를 ESP8266 보드에 업로드한 후 시리얼 모니터를 열면, 다음 그림과 같이 점(.)이 찍히다가 'Adafruit IO connected.'라는 문자가 출력됩니다. 그러면 성공적으로 Adafruit IO 웹 사이트에 연결된 것입니다.

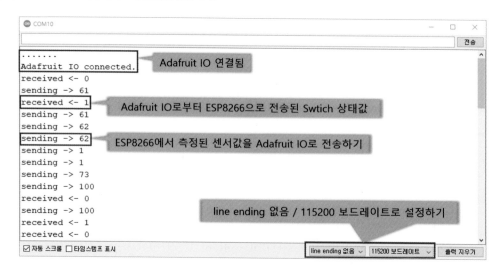

Adafruit IO 웹 사이트의 **Dashboards 〉 myESP8266-Dashboard**에 들어가면 다음 그림과 같이 스위치과 게이지가 있을 겁니다. 이 스위치를 클릭했을 때 ESP8266 보드의 LED가 ON/OFF 되는지 확인해 보세요. 그리고 A0 핀의 Rotaion 센서를 손으로 돌렸을 때 게이지 값이 변하는지 확인하세요. 이 모든 동작은 최대 5초 이내에 이뤄집니다.

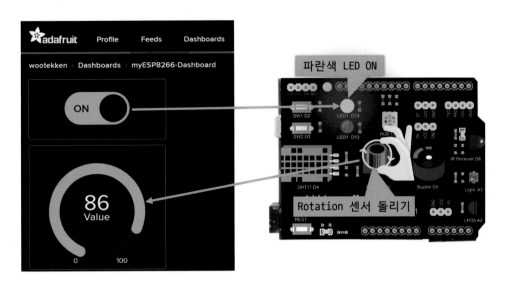

◼ 한 줄씩 코드 설명 (실습코드 5.1.1)

2: Adafruit IO의 WiFi 통신에 필요한 라이브러리입니다.

4~5: Adafruit IO에 가입할 때 발급되는 username과 key값입니다.

6~7: 우리 집 WiFi 이름과 비밀번호를 입력하면 됩니다.

9: 센서값을 5초에 한 번씩 보내는 코드에 필요한 값입니다.

12: 센서값을 5초에 한 번씩 보내는 데에 시간 변화를 업데이트할 때 사용할 변수입니다.

13: Adafruit IO의 객체를 생성합니다.

14~15: Adafruit IO 사이트에서 만든 Feed 이름을 이 부분에 똑같이 입력해야 합니다(그림 5.1.8과 그림 5.1.11 참조).

21: Adafruit IO의 웹 사이트 주소인 io.adafruit.com으로 접속을 시도하는 코드입니다.

24: Adafruit IO 사이트에서 ESP8266 보드로 메시지가 전달(예: 화면에서 버튼을 눌러 '1'이 ESP8266 보드로 전달)되면 실행할 함수로 handleMessage를 설정합니다.

26~29: Adafruit IO에 연결합니다.

32: Adafruit IO의 연결 상태를 시리얼 모니터로 출력합니다.

33: LED를 작동시키기 위해 설정한 LED_Feed 값을 Adafruit IO로부터 받아 오는 기능을 설정합니다.

38: Adafruit IO 웹 사이트에 주기적으로 연결을 체크하고 데이터를 처리하는 명령어입니다.

40: delay( ) 함수 없이 일정 시간마다 if문을 실행시키는 명령어입니다. 여기서는 IO_LOOP_DELAY가 5000

이기 때문에, 5초 간격으로 if문이 실행됩니다.

41: A0 핀의 센서(Rotation 센서)의 값(0~1023)을 읽어서 0~100 사이로 값을 변경(map함수)한 후 sensor_value 변수에 저장합니다.

44: 센서값을 Adafruit IO의 Sensor_Feed로 전송합니다.

50: Adafruit IO에서 ESP8266 보드로 데이터가 전송될 때마다 실행되는 함수입니다. 24번 줄의 코드로 인해 LED_Feed 메시지가 들어오는 경우에 이 함수가 실행합니다.

53~54: Adafruit IO에서 ESP8266 보드로 전송된 데이터는 **data**라는 변수에 문자 형태로 저장됩니다. 문자형 data 변수값을 정수형(toInt)으로 변경하여 digitalWrite(핀, 상태)의 **상태**에 바로 넣어줌으로써 LED를 제어하는 코드입니다(data 값이 1 또는 0이기 때문에 이런 제어가 가능합니다).

● **집 밖에서도 LED가 제어되나요?**

네, 됩니다. ESP8266 보드는 우리 집 WiFi에 접속된 상태이고, 우리 집 밖에 나가서 ESP8266 보드의 LED를 ON/OFF 시키거나 센서값을 모니터링할 수 있습니다.

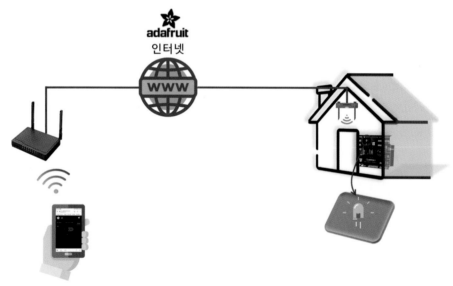

[그림 5.1.14] 집 밖에서 ESP8266 보드의 LED 켜기

가장 쉽게 확인하는 방법은 다음과 같습니다.

(1) 스마트폰을 ESP8266 보드와는 다른 WiFi에 접속시키거나 모바일 데이터를 켭니다.
(2) 스마트폰에 있는 웹 브라우저를 실행해 io.adafruit.com에 접속 후 로그인합니다.
(3) myESP8266-Dashboard를 띄워서 다음 그림과 같이 버튼을 클릭하거나 센서값의 변화를 관찰해 보세요.
(4) 위의 과정이 성공했다면 외부 인터넷 망에서 우리 집에 연결된 ESP8266 보드를 제어한 것이 됩니다.

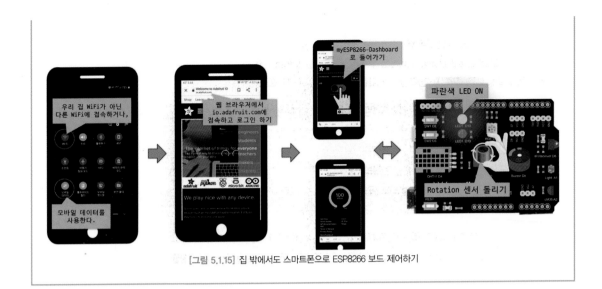

[그림 5.1.15] 집 밖에서도 스마트폰으로 ESP8266 보드 제어하기

5.2 WiFi 통신을 이용한 스마트폰 앱으로 스마트홈 제어하기

이번 실습은 ESP8266 서버를 컴퓨터 웹 브라우저로 접근하여 제어하지 않고, 스마트폰 앱을 직접 만들어서 제어하는 프로젝트를 진행하겠습니다.

이 실습은 제어용 스마트폰 앱이 필요하기 때문에 앱 인벤터를 이용할 것입니다.

앞서 **3.2 블루투스 통신**에서 앱 인벤터를 활용했는데, 이때는 블루투스 무선 통신용으로 만들어진 앱을 이용해 아두이노를 제어했습니다. 이번에는 블루투스가 아닌 WiFi 무선 통신을 이용한 앱을 직접 만들어 ESP8266 보드를 제어해 보도록 하겠습니다.

실습 1　**ESP8266 서버를 WiFi 통신으로 편리하게 제어하는 스마트폰 앱 만들기**

- **실습 목표**: ESP8266 보드로 서버를 만들고 앱 인벤터를 이용하여 ESP8266을 제어하는 앱을 만들어 봅니다.

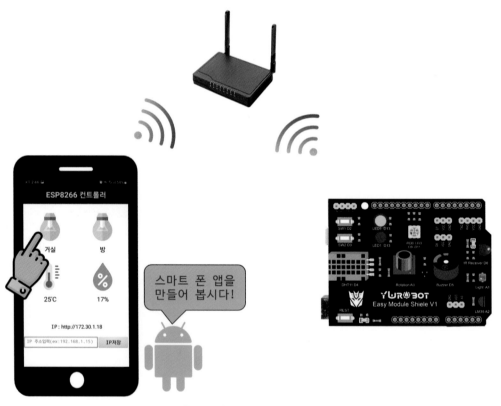

[그림 5.2.1] 스마트폰 WiFi 통신 앱

- **하드웨어 준비**: 다음 그림과 같이 ESP8266 Wemos D1 보드에 Easy module shield를 연결합니다. 그리고 USB 케이블을 이용해서 아두이노를 컴퓨터에 연결합니다.

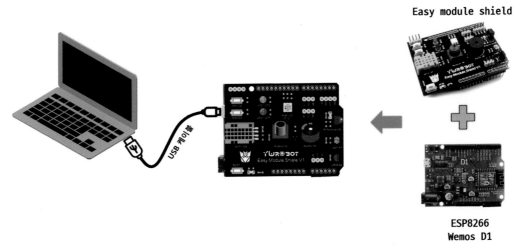

[그림 5.2.2] 하드웨어 연결

● **앱 인벤터 이용 방법**

01 앱 인벤터 접속 및 로그인
웹 브라우저(가능하면 크롬을 사용하세요)를 열어서 앱 인벤터(https://appinventor.mit.edu)로 접속합니다(구글 검색에서 '앱 인벤터'라고 검색해서 접속해도 됩니다). 그리고 **Create Apps!** 버튼을 눌러 구글 계정으로 로그인을 시도하면 됩니다. 앱 인벤터는 구글 계정이 있어야 사용할 수 있으므로 구글 계정을 미리 준비해 주세요.

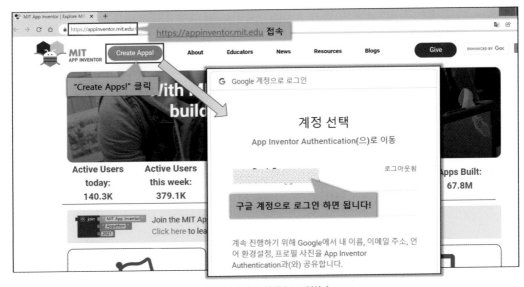

[그림 5.2.3] 앱 인벤터 로그인하기

02 **앱 인벤터 개발 환경**

앱 인벤터 사이트에 로그인 후 **Start new project**를 누르면 새로운 앱 개발을 위한 화면이 나타납니다. 프로젝트 이름(Project name)을 지어주고 나면, 화면 가운데에 스마트폰 모양이 나타납니다. 이렇게 스마트폰이 나오는 화면은 앱을 디자인하는 곳입니다. 그리고 화면의 오른쪽 상단에 **Designer**와 **Blocks**를 누르면 **앱 디자인 화면 또는 코딩 화면으로 전환**할 수 있습니다.

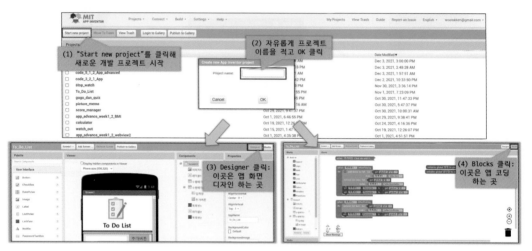

[그림 5.2.4] 앱 인벤터 개발 환경

* 이 실습에서는 앱 디자인은 기본적으로 저자가 만들어 놓은 것으로 시작하고, 앱 코딩 위주로 진행합니다. 앱 인벤터에서 앱을 디자인하는 방법을 알고 싶다면 **"블루투스 · 와이파이 통신을 이용한 앱인벤터 아두이노 스마트폰 앱 프로젝트(디지털북스, 2018)"** 책을 참고해 주세요.

실습코드 5.2.1   Arduino

```
code_5.2.1_Arduino §
1  //실습코드 5.2.1_Arduino
2  #include <ESP8266WiFi.h>      // WiFi 통신 라이브러리
3  #include <ESP8266WebServer.h> // 서버 라이브러리
4  #include <SimpleDHT.h>        // DHT 센서 라이브러리
5  #define LED1_PIN    D13
6  #define LED2_PIN    D12
7  #define DHT_PIN     D4
8  ESP8266WebServer server(80);  // 서버 객체
9  SimpleDHT11 dht11(DHT_PIN); // DHT 센서 객체
10 const char* ssid = "KT_GiGA_5481";  // 접속할 WiFi이름
11 const char* password = "abcd1234";// WiFi 비밀번호
12
13 void setup() {
14   pinMode(LED1_PIN, OUTPUT);   // LED1 출력모드
15   pinMode(LED2_PIN, OUTPUT);   // LED2 출력모드
16   Serial.begin(115200);
17   WiFi.begin(ssid, password); // WiFi에 접속하기
18
```

```
19  while(WiFi.status() != WL_CONNECTED){//WiFi에 연결이 되었나?
20    delay(1000);
21    Serial.print(".");     // WiFi 연결되지 않았으면 점(.)표시
22  }
23  Serial.println();
24  Serial.println("WiFi connected..!");
25  Serial.print("IP: ");
26  Serial.println(WiFi.localIP()); // 로컬 IP 출력
27
28  // 클라이언트의 HTTP 요청에 대응하여 서버에서 실행할 함수
29  server.on("/mySensor", handle_display_sensor);
30  server.on("/toggleLED1", toggleLED1);
31  server.on("/toggleLED2", toggleLED2);
32  server.onNotFound(handle_NotFound);
33  server.begin();    // 서버 실행
34 }
35
36 void loop() {
37   server.handleClient(); // 실제 HTTP 요청을 처리하는 함수
38 }
39
40 void handle_display_sensor() {  // 온습도값을 응답하는 함수
41   byte temperature = 0;
42   byte humidity = 0;
43   int err = SimpleDHTErrSuccess;
44
45   // 온도와 습도 센서값 가져오기
46   if ((err = dht11.read(&temperature, &humidity, NULL)) != SimpleDHTErrSuccess) {
47     Serial.print("Read DHT11 failed");
48     return;
49   }
50   // 온도와 습도 센서값을 클라이언트로 보내기
51   server.send(200, "text/plain", send_data(temperature,humidity));
52 }
53
54 void handle_NotFound(){ // 잘못된 HTTP 요청에 응답하는 함수
55   server.send(404, "text/plain", "Not found");
56 }
57 void toggleLED1() {
58   digitalWrite(LED1_PIN,!digitalRead(LED1_PIN)); // LED 상태값 반전
59   server.send(204, "");     // 요청은 성공, 응답은 없음
60 }
61
62 void toggleLED2() {
63   digitalWrite(LED2_PIN,!digitalRead(LED2_PIN)); // LED 상태값 반전
64   server.send(204, "");     // 요청은 성공, 응답은 없음
65 }
66
67 String send_data(byte temperature,byte humidity){ // 데이터를 문자열로 가공
68   String str = "";
69   str +=temperature;
70   str +=",";
71   str +=humidity;
72   return str;
73 }
```

01 저자의 블로그(https://wooduino.tistory.com)에 접속 후 **책 〉 아두이노 통신 프로젝트 〉 002.책 실습 참고자료 다운로드**에서 **code_5_2_1_App_Only_Design.aia** 파일을 다운받습니다. 그리고 다음 그림과 같이 앱 인벤터에서 다운받은 파일을 불러 옵니다.

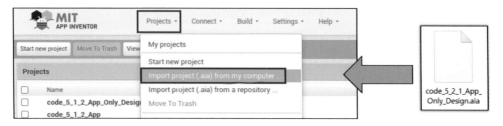

02 앱 인벤터 오른쪽 상단의 **Blocks**를 클릭해서 앱 코딩을 하는 화면으로 이동합니다.

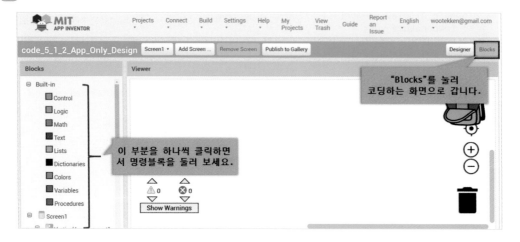

03 코드를 직접 입력해 코딩하는 아두이노와 달리, 앱 인벤터는 명령 블록을 마우스로 끌어다 놓는(drag&drop) 방법으로 코딩을 합니다. 다음 그림과 같이 왼쪽 메뉴 중 **Screen1**을 클릭하면 가운데 화면에 관련 명령 블록이 나타날 것입니다. **when Screen1.Initialize**라는 블록을 마우스로 끌어다가 흰색 화면 가운데에 놓으세요.

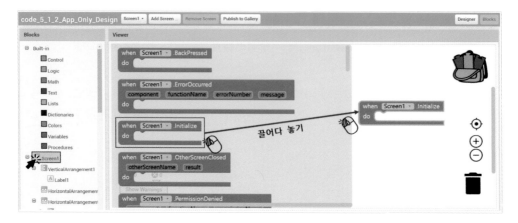

04 앱 인벤터의 코딩 방법은 간단합니다. 레고 블록을 연결하듯이 명령 블록을 서로 이어서 결합하면 됩니다(아래 그림은 예시 그림이니 따라서 코딩하지 마세요).

<예시>

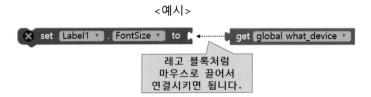

레고 블록처럼
마우스로 끌어서
연결시키면 됩니다.

05 방금 가져왔던 **Screen1.Initialize**는 앱을 처음 시작했을 때 실행되는 명령으로, 주로 초기 설정을 할 때 사용합니다. 다음의 초기 설정 내용을 읽어 보고 [그림 5.2.9]와 같이 코딩을 해주세요.

- 미리 저장된 IP 주소값이 있으면 그 IP 주소를 불러와 화면에 출력합니다.
- 거실 LED 버튼과 방 LED 버튼의 이미지를 각각 LED-OFF 이미지로 정합니다.
- 만약 미리 저장된 IP 주소값이 없으면 Clock 타이머를 작동시키지 말고, IP 주소값이 있으면 바로 Clock 타이머를 작동시켜서 온도와 습도 센서값을 받을 준비를 합니다(Clock 타이머는 3초에 한 번씩 작동되게끔 미리 설정되어 있습니다. 그 이유는 ESP8266 서버로부터 3초에 한 번씩 온도와 습도값을 받아와 앱 화면에 출력하기 위해서입니다).

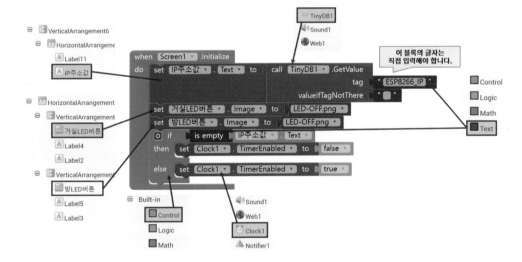

06 앱에 ESP8266 보드의 IP 주소값을 입력하고 저장할 때 실행할 코드입니다. 주요 내용에 관한 설명을 읽어 보고 다음 그림과 같이 코딩을 해주세요.

- ESP8266 보드의 시리얼 모니터에서 확인한 IP 주소값을 앱 화면의 텍스트 박스에 입력하고, **IP 저장** 버튼을 누르면 IP 주소값이 스마트폰 메모리에 저장됩니다. **TinyDB1.StoreValue**가 바로 이 부분에 해당하는 코드입니다.
- Clock 타이머를 3초 간격으로 자동으로 실행되게 설정해 줍니다(Clock 타이머는 나중에 센서값을 3초에 한 번씩 자동으로 출력해 주게 됩니다).

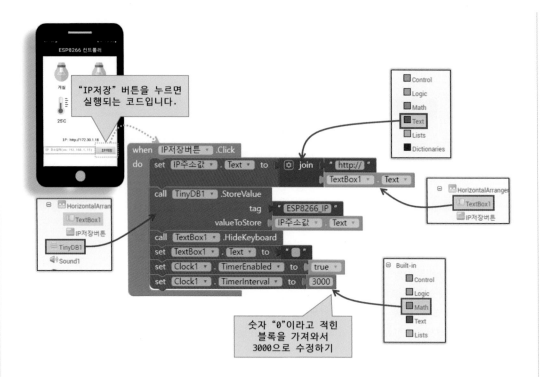

07 HTTP 요청 시 사용할 변수 생성 및 Clock1 타이머 실행에 관한 코드입니다. 주요 내용을 읽어 보고 다음 그림과 같이 코딩을 해주세요.

- **what_device**라는 변수를 하나 만들어 줍니다. 이 변수는 HTTP 요청을 보내는 주체가 어떤 장치인지 (LED, 센서) 구별하는 데 사용됩니다.
- Clock1.Timer가 3초에 한 번씩 실행되어 **IP 주소 + /mySensor** 형태로 HTTP 요청을 보내게 됩니다. 이 동작은 WiFi 무선 통신 실습을 했던 내용과 같은 것으로서, 마치 **192.168.2.15/mySensor**처럼 URL을 웹 브라우저 주소창에 입력하는 것과 같은 동작입니다. (실습코드 4.2.1의 11~21번 줄 설명 참조)

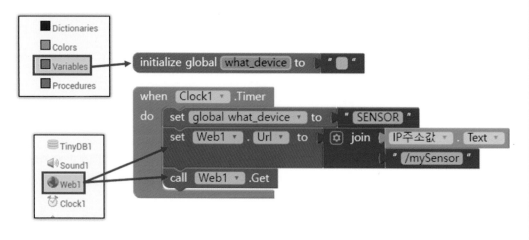

08 웹 요청에 대한 응답 데이터 분석 및 처리하는 코드로, ESP8266 보드에서 전송된 온도, 습도 센서 데이터를 가공 후 스마트폰 앱 화면에 띄우는 기능을 합니다. 아래 설명을 읽어 보고 그림과 같이 코딩을 해주세요.

- 클라이언트(스마트폰 앱)의 웹 요청에 대한 서버(ESP8266)의 응답은 **responseContent**라는 변수에 저장되어 있습니다. 이 변수값은 **온도, 습도** 형태로 저장되어 있어서 반점(,)을 기준으로 나눠(split text) 각 글자(온도값.Text, 습도값.Text)에 표시하도록 코딩합니다.

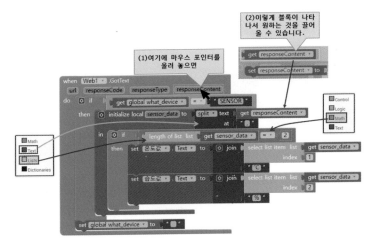

09 이번에는 거실 LED, 방 LED를 ON/OFF 하는 기능을 코드로 구현합니다. 아래 설명을 읽어 보고 그림과 같이 코딩을 해주세요.

- 스마트폰 앱의 전구 모양 그림이 바로 버튼입니다. 각 전구 버튼을 누르면 각각 **방LED버튼.Click, 거실 LED버튼.Click**이라는 명령 블록이 실행되며, 이 명령 블록 안에 두 가지 LED 이미지를 넣어 LED를 끄고 켤 때마다 이미지가 바뀌게 됩니다.
- set global what_device to 이하의 명령 블록은 앞에서 만든 what_device 변수를 이용해 LED ON/OFF에 대한 HTTP 요청을 실행하는 부분입니다. **IP 주소 + /toggleLED1, IP 주소 + /toggleLED2** URL 요청 명령이 실행되게끔 코딩해 주면 됩니다.

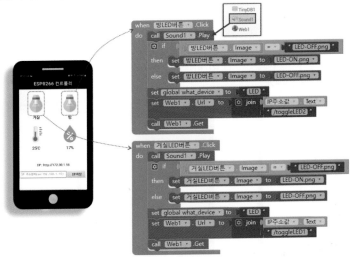

⑩ IP 주소 입력창에 잘못된 IP 주소를 입력한 경우 실행하는 코드입니다. 아래 설명을 읽어 보고 그림과 같이 코딩을 해주세요.

- 텍스트 박스에 IP 주소를 잘못 입력하거나 없는 IP 주소를 입력할 시, 앱에서 URL 요청을 보낼 때 에러가 발생할 수 있습니다. 이때 발생되는 에러 코드(errorNumber)가 1101입니다. 에러 발생 시 적절한 알림 문구를 나타내고 Clock 타이머를 비활성화시키는 기능을 실행해 주면 됩니다.

⑪ 이제 모든 앱 코딩을 완료했습니다. 앱 인벤터 상단 메뉴에서 **Build 〉 Android App(.apk)**를 클릭해 주세요. 그러면 잠시 후 다음 그림처럼 앱을 스마트폰에 설치하기 위한 QR 코드가 생성될 것입니다.

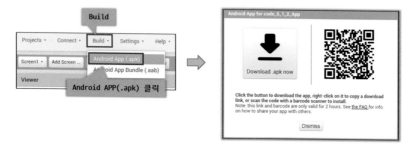

⑫ 이제 안드로이드 스마트폰을 꺼내서 **구글 플레이 스토어**에 접속한 후 **MIT AI2 Companion** 앱을 검색해서 설치하세요. 설치 후 이 앱을 실행하면 다음 [그림 5.2.16]과 같은 화면이 나옵니다.

앱의 중간 화면쯤에 파란색 버튼 **scan QR code**를 누르면 QR 코드를 찍는 화면이 실행됩니다. 방금 전에 앱 인벤터에서 생성한 QR 코드에 스마트폰 화면을 가까이 대어 QR 스캔을 해주세요. 그러면 자동으로 앱 설치 과정이 시작될 것입니다. 이제부터 화면을 보면서 내가 만든 앱을 폰에 설치하면 됩니다.

[13] QR 코드로 앱 설치 후 실행한 모습입니다.

하드웨어 작동 방법 & 실행 결과

[실습코드 5.2.1]의 WIFI_SSID와 WIFI_PASS값을 우리 집 WiFi로 바꿉니다. 그 코드를 ESP8266 보드에 업로드한 후, 시리얼 모니터를 열면 다음 그림과 같이 점(.)이 찍히다가 IP 주소가 출력되면 성공적으로 실행된 것입니다. 다음 그림과 같이, 이 IP 주소를 앱의 텍스트 박스에 입력하여 **IP 저장** 버튼을 눌러 주세요.

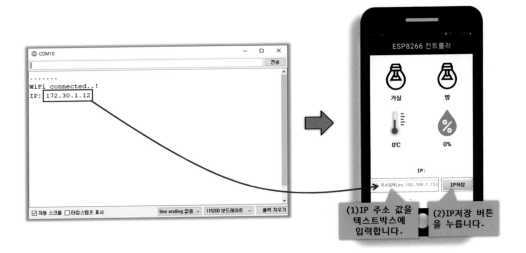

그러면 앱에서 3초 간격으로 ESP8266 서버로 요청을 보내어 온도와 습도값을 받아 오게 됩니다. 그러면 값이 화면에 나타날 것이고, **거실**과 **방**의 전구 그림을 손으로 터치하면 다음 그림과 같이 LED가 점멸될 것입니다.

■ **한 줄씩 코드 설명 (실습코드 5.2.1)**

이번 실습의 아두이노 코드는 [실습코드 4.1.4]와 [실습코드 4.1.5]의 코드를 합친 것과 거의 같기 때문에 설명을 생략합니다.

5.2의 실습에서 앱을 만들어 ESP8266 보드를 먼 거리에서 WiFi 통신으로 제어를 했지만, WiFi 무선 통신도 수십에서 수백 미터까지의 거리 제한이 있기 때문에 집 밖에서는 ESP8266 보드를 제어할 수가 없습니다. 결국 같은 공간 내의 WiFi 네트워크 안에서만 제어를 하는 것으로 한계를 느끼셨을 겁니다. 우리 집에 있는 ESP8266 보드를 집 밖에서(더 나아가 지구 반대편에서도) 제어를 할 수 있다면, 정말 그렇게 해보고 싶으실 겁니다.

[그림 5.3.1] 집 밖에서 원격 제어를 할 수는 없을까?

집 안에 있는 ESP8266 보드를 집 밖에서 제어하는 방법은 다음과 같이 여러 가지가 있습니다.

- **서버 만들기**: 24시간 계속 가동되는 서버를 개발하여 인터넷에서 ID와 비밀번호만 있으면 그 서버를 외부에서 접속할 수 있게 만들기
- **포트 포워딩**: 포트 포워딩(Port Forwarding)이라는 설정을 통해 외부에서 접속하는(공유기의 공인 IP로 접속하는) 클라이언트의 요청을 특정 포트(Port)로 강제로 연결하는 방법
- **회사 서비스**: Adafruit IO 같은 어떤 회사의 IoT 웹 서비스를 이용하기 (예: 5.1 실습)

위 방법 중 '서버 만들기'는 고난이도의 코딩 실력이 필요하고 서버를 계속 가동하기 위한 비용이 들기 때문에 초보자들에게는 힘듭니다. 반면에 '포트 포워딩' 기법은 공유기의 설정을 직접 수정하여 접속하는 방법으로, 어렵지 않고 인터넷에 관련 정보가 많이 있어서 검색하여 쉽게 따라해 보실 수 있습니다. 그렇지만 우리 집 공유기에 사설 IP 주소를 이용하는 장치들이 동일한 포트 번호를 이용하는 경우에는 우선순위가 높은 장치로 접속되는 문제도 있고, 장치들에 할당된 사설 IP 주소가 바뀌기도 하는 단점이 있습니다. 또한 각 집에서 사용하는 공유기마다 조금씩 다른 포트 포워딩 설정 방법은 초보자들에게 쉽지 않을 것입니다.

그래서 5.1에서 'Adafruit IO'라는 IoT 웹 서비스를 이용하여 집 밖에서도 쉽게 제어할 수 있는 실습을 소개했었습니다. 하지만 이 방법에도 다음과 같은 몇 가지 한계가 있습니다.

- Adafruit IO의 버튼과 그래프 이미지 등 정해진 디자인만 사용할 수 있다.
- 몇 가지 프로젝트만 무료로 이용할 수 있고, 더 많은 프로젝트를 만들어 실습을 하려면 유료로 전환해야 한다.

위와 같은 단점을 극복하고자, 이번 절에서는 무료로 사용할 수 있는 웹 서버를 이용해 볼 것입니다. '자유롭게 앱 디자인' 할 수 있고 '무료로 대량의 데이터를 인터넷에 저장'할 수 있는 구글(Google)의 Firebase를 이용해 ESP8266 스마트홈 제어를 해볼 것입니다.

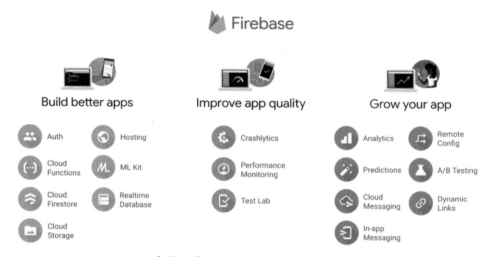

[그림 5.3.2] Firebase에서 제공하는 다양한 기능들

Firebase는 구글에서 서비스 중인 모바일 애플리케이션 개발 플랫폼입니다. Firebase를 이용하면 웹 서비스를 개발할 때 백엔드(Back-End, 서버나 데이터베이스 등의 개발) 쪽의 작업을 건너뛰고 프론트엔드(Front-End, 스마트폰 화면에 나타나는 UI 개발 등) 쪽의 작업에 집중할 수 있습니다. 그래서 이번 실습은 LED 상태나 센서값을 Firebase 온라인에 저장하고 스마트폰 앱에서 그 데이터를 가져오거나 변경하는 프로그램을 만들어, 집 안에 있는 ESP8266 보드를 집 밖 어디에서도 제어할 수 있게 해보겠습니다.

Firebase를 이용해 어디서든 스마트폰 앱으로 ESP8266 보드를 제어하기

- **실습 목표**: ESP8266 보드로 서버를 만들고, 여러 가지 데이터(센서값, LED 상태값)를 Firebase에 저장하여 세상 어느 곳에서든 스마트폰을 이용해 우리 집에 있는 ESP8266 보드를 제어하는 스마트홈을 만들어 봅니다.

● **Firebase-ESP-Client 라이브러리 설치하기**

저자의 블로그(https://wooduino.tistory.com)에 접속해서 **책 〉 아두이노 통신 프로젝트 〉 002.책 실습 참고자료 다운로드**에서 라이브러리 파일을 다운받으실 수 있습니다.

라이브러리를 다운받으면 ZIP 파일로 되어 있을 것입니다. 이 파일을 아두이노에 설치하는 방법은 CHAPTER 03의 [그림 3.1.2]를 참고해 주세요.

- **하드웨어 준비**: 다음 그림과 같이 ESP8266 Wemos D1 보드에 Easy module shield를 연결합니다. 그리고 USB 케이블을 이용해서 아두이노를 컴퓨터에 연결합니다.

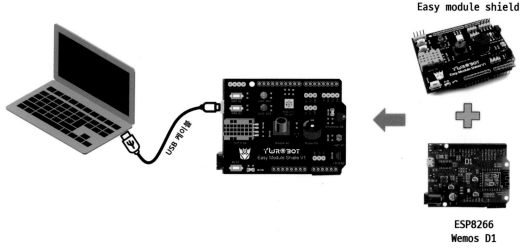

[그림 5.3.3] 하드웨어 연결하기

● Firebase 웹 사이트 가입 및 사전 설정 작업

저자의 블로그(https://wooduino.tistory.com)에 접속해서 **책 〉 아두이노 통신 프로젝트 〉 002.책 실습 참고자료 다운로드**에서 라이브러리 파일을 다운받으실 수 있습니다.

Firebase를 사용하기 위해서는 사이트 회원가입과 몇 가지 설정 작업이 필요합니다. 다음의 순서대로 따라해 주시길 바랍니다.

01 웹 브라우저를 열어 구글에 접속하고 로그인 합니다. 그 다음 Firebase 홈페이지(https://firebase.google.com)에 접속합니다(구글 검색에서 **Firebase**를 검색하여 접속해도 됩니다).

02 Firebase 홈페이지는 구글 계정과 연동됩니다. 따라서 다음 그림과 같이 로그인된 상태를 확인할 수 있을 겁니다(로그인이 안 되어 있다면 구글 계정으로 로그인 시도를 해보세요). 그 다음에 **콘솔로 이동** 버튼을 눌러 줍니다.

[그림 5.3.4] Firebase 로그인 및 콘솔 이동

03 콘솔로 이동한 후 화면 가운데에서 **프로젝트 만들기**를 클릭해 줍니다.

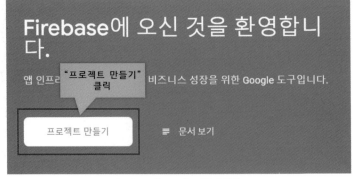

[그림 5.3.5] 프로젝트 만들기 클릭

04 프로젝트 이름을 자유롭게 작성한 후 [그림 5.3.6]의 안내를 따라 프로젝트를 만들어 주세요.

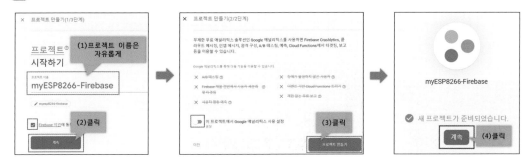

[그림 5.3.6] 프로젝트 만들기 진행

05 프로젝트를 만든 후 다음 그림과 같이 데이터베이스(Database)를 만들어 줍니다. 데이터베이스는 우리가 앞으로 LED 상태값과 센서값을 저장할 온라인 저장 공간입니다.

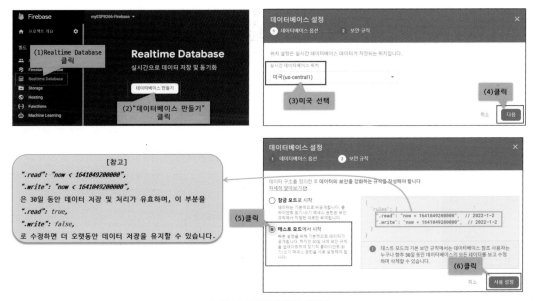

[그림 5.3.7] 데이터베이스 만들기

06 이제 Firebse 웹 사이트에서 나만의 데이터베이스가 만들어 졌습니다. Firebase는 보안을 위해 비밀번호를 자동으로 생성합니다. 따라서 ESP8266 보드가 Firebase의 저장 공간에 접근하려면 비밀번호를 ESP8266 코드에 미리 넣어둬야 합니다. 다음 그림처럼 Firebase 비밀번호를 복사해서 [실습코드 5.3.1]의 10번 줄에 붙여 넣습니다.

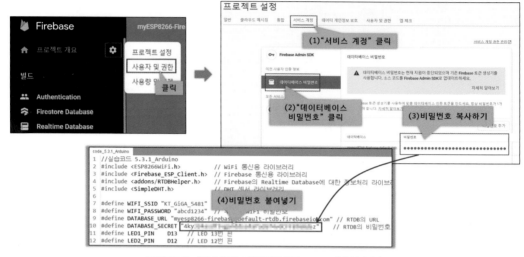

[그림 5.3.8] 데이터베이스 비밀번호를 [실습코드 5.3.1]에 붙여넣기

07 화면 왼쪽 메뉴에서 **Realtime Database**를 클릭하고 상단의 **데이터**를 클릭합니다. 그러면 우리가 사용할 Firebase의 데이터베이스 주소와 저장 공간이 나타납니다. 다음 그림과 같이 데이터베이스 주소를 복사하여 (https://를 제외하고 복사하기) [실습코드 5.3.1]의 9번 줄에 붙여 넣습니다.

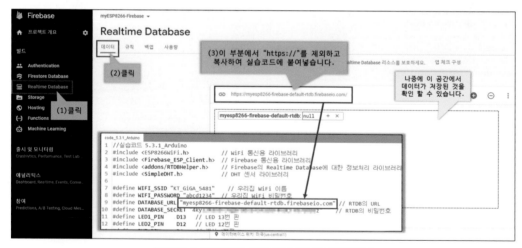

[그림 5.3.9] 데이터베이스 주소를 [실습코드 5.3.1]에 붙여넣기

08 이제 Firebase 관련 설정은 모두 끝났습니다. [실습코드 5.3.1_APP]으로 넘어가 보겠습니다.

실습코드 5.3.1　Arduino

```
code_5.3.1_Arduino
1  //실습코드 5.3.1_Arduino
2  #include <ESP8266WiFi.h>           // WiFi 통신용 라이브러리
3  #include <Firebase_ESP_Client.h>   // Firebase 통신용 라이브러리
4  #include <addons/RTDBHelper.h>      // Firebase의 Realtime Database에 대한 정보처리 라이브러리
5  #include <SimpleDHT.h>             // DHT 센서 라이브러리
6
7  #define WIFI_SSID "KT_GiGA_5481"     // 우리집 WiFi 이름
8  #define WIFI_PASSWORD "abcd1234"    // 우리집 WiFi 비밀번호
9  #define DATABASE_URL "myesp8266-firebase-default-rtdb.firebaseio.com" // RTDB의 URL
10 #define DATABASE_SECRET "4ky324asdf3vgarddsafafadsf4vdCFF876Rdsz"     // RTDB의 비밀번호
11 #define LED1_PIN    D13    // LED 13번 핀
12 #define LED2_PIN    D12    // LED 12번 핀
13 #define DHT_PIN     D4     // 센서 4번핀
14 SimpleDHT11 dht11(DHT_PIN); // DHT 센서 객체
15 FirebaseData fbdo;  // Firebase 데이터 객체
16 FirebaseAuth auth;  // Firebase 인증용 객체
17 FirebaseConfig config; // Firebase 설정용 객체
18 unsigned long dataMillis = 0; // 시간 업데이트 변수
19 int LED1_value, LED2_value, Temp_value, Humi_value;  // LED와 센서 상태값 변수
20
21 void setup() {
22   pinMode(LED1_PIN, OUTPUT); pinMode(LED2_PIN, OUTPUT);    // LED 출력모드
23   Serial.begin(115200);
24   WiFi.begin(WIFI_SSID, WIFI_PASSWORD);   // WiFi 접속 시작
25   while (WiFi.status() != WL_CONNECTED) {
26       Serial.print(".");  delay(1000);
27   }
28   Serial.println();
29   Serial.print("Connected with IP: ");
30   Serial.println(WiFi.localIP());      // 로컬 IP주소 확인
31   Serial.printf("Firebase Client v%s\n\n", FIREBASE_CLIENT_VERSION);  // 클라이언트 버전확인
32   config.database_url = DATABASE_URL;              // RTDB의 URL 적용
33   config.signer.tokens.legacy_token = DATABASE_SECRET;  // RTDB의 비밀번호 적용
34   Firebase.reconnectWiFi(true);                    // Firebase 재접속 허용
35   Firebase.begin(&config, &auth);                  // 인증과 설정을 적용하여 Firebase 시작
36   delay(1000);
37   /***** Firebase RTDB 저장소에 LED와 센서의 첫 상태값을 업데이트 하기 *****/
38   if(Firebase.RTDB.setInt(&fbdo,"/LED1",digitalRead(LED1_PIN))==true) Serial.println("LED1 set ok");
39   if(Firebase.RTDB.setInt(&fbdo,"/LED2",digitalRead(LED2_PIN))==true) Serial.println("LED2 set ok");
40 }
41 void loop() {
42   if (millis() - dataMillis > 3000) { // 3초에 1번씩 실행
43     dataMillis = millis();  // 시간 타이머 업데이트
44     /***** Firebase에서 LED 상태값 읽어와 LED on, off 제어하기 *****/
45     if( Firebase.RTDB.getInt(&fbdo, "/LED1") == true ) {    // LED1태그의 값을 읽어 왔다면,
46       String temp = fbdo.to<const char *>();               // 그 값을 temp에 저장하고,
47       LED1_value = temp.toInt();                           // temp값을 정수형으로 바꿔,
48       Serial.print("LED1: "); Serial.println(LED1_value);  // 시리얼 모니터에 출력하기
49     } else Serial.println(fbdo.errorReason().c_str());       // 에러 발생시 이유 출력하기
50
51     if( Firebase.RTDB.getInt(&fbdo, "/LED2") == true ) {    // LED2태그의 값을 읽어 왔다면,
52       String temp = fbdo.to<const char *>();               // 그 값을 temp에 저장하고,
53       LED2_value = temp.toInt();                           // temp값을 정수형으로 바꿔,
54       Serial.print("LED2: "); Serial.println(LED2_value);  // 시리얼 모니터에 출력하기
55     } else Serial.println(fbdo.errorReason().c_str());       // 에러 발생시 이유 출력하기
56     digitalWrite(LED1_PIN, LED1_value);    // LED1에 상태값 적용하여 on, off 하기
57     digitalWrite(LED2_PIN, LED2_value);    // LED2에 상태값 적용하여 on, off 하기
58
59     /***** Firebase에 온습도 센서값을 보내어 저장하기 *****/
60     byte temperature = 0; byte humidity = 0; int err = SimpleDHTErrSuccess;
61     // 온도와 습도 센서값을 측정하여 변수에 저장하기
62     if ((err = dht11.read(&temperature, &humidity, NULL)) != SimpleDHTErrSuccess) {
63       Serial.print("Read DHT11 failed"); return;
64     }
65     // Firebase의 Temperature태그에 온도 센서값 저장하기
66     if(Firebase.RTDB.setInt(&fbdo,"/Temperature",temperature)==true)
67       Serial.println("Temperature set ok");
68     else  Serial.println(fbdo.errorReason().c_str());
69     // Firebase의 Humidity태그에 습도 센서값 저장하기
70     if(Firebase.RTDB.setInt(&fbdo,"/Humidity",humidity) == true) Serial.println("Humidity set ok");
71     else  Serial.println(fbdo.errorReason().c_str());
72   }
73 }
```

ESP8266 보드를 집 밖에서 스마트폰으로 제어하기 위해, 앱 인벤터로 앱을 만들어 보도록 하겠습니다.

01 저자의 블로그(https://wooduino.tistory.com)에 접속 후 **책 〉 아두이노 통신 프로젝트 〉 002.책 실습 참고자료 다운로드**에서 code_5_3_1_App_Only_Design.aia 파일을 다운받습니다. 그리고 다음 그림과 같이 앱 인벤터에서 다운받은 파일을 불러 옵니다.

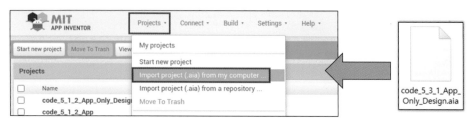

02 앱 파일을 열고 디자인 화면의 **Components**에서 **FirebaseDB1**을 클릭합니다. 그러면 오른쪽에 Firebase 관련 설정창이 나오는데, 여기에서 Firebase 웹 사이트에서 확인했던 비밀번호(Token)와 URL 주소를 복사하여 붙여 넣습니다(URL 주소는 'http://' 생략 없이 있는 그대로 복사하여 붙여 넣으세요).

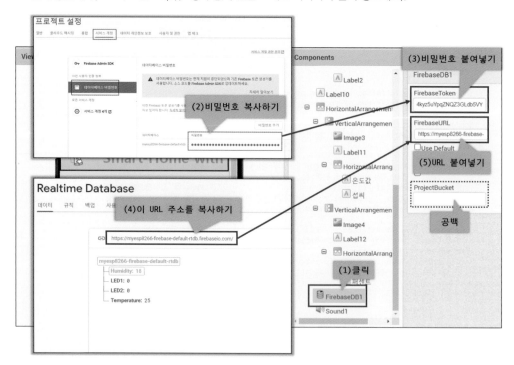

03 이제 프로젝트 화면의 오른쪽 상단에서 **Blocks**를 클릭해 앱 코딩 화면을 열어 주세요. 이 앱에는 **거실LED버튼**과 **방LED버튼**이 있는데, 버튼을 각각 누르면 해당 LED가 ON/OFF 되도록 해보겠습니다. 다음 설명을 읽고 그림과 같이 코딩해 주세요.

- 각 LED 버튼을 누르면 Firebase에 LED 상태값을 바꿔서 저장(1은 0으로, 0은 1로)합니다. 그러면 ESP8266 보드가 Firebase로부터 바뀐 LED 상태값을 받아와서 실제 LED에 ON/OFF 적용하게 됩니다.
- 거실 LED는 **LED1**, 방 LED는 **LED2**라는 태그(tag)로 Firebase에 저장했습니다. 태그는 변수 이름 같은 것입니다.

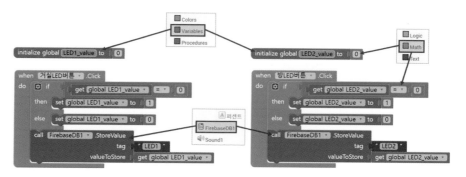

04 LED 상태나 센서값의 변화에 따라 Firebase에 저장된 데이터를 업데이트하도록 만들어 보겠습니다. 아래 설명을 읽고 그림과 같이 코딩해 주세요.

- Firebase 저장소에 저장되어 있는 LED 상태값과 센서값에 변화가 생기면 자동으로 **FirebaseDB1. DataChanged** 명령 블록이 실행됩니다. 이때 데이터 태그(tag)의 값을 if문으로 비교하여서 해당하는 센서의 상태값(value)을 앱 화면에 출력하거나 LED 이미지를 바꿔 줍니다.

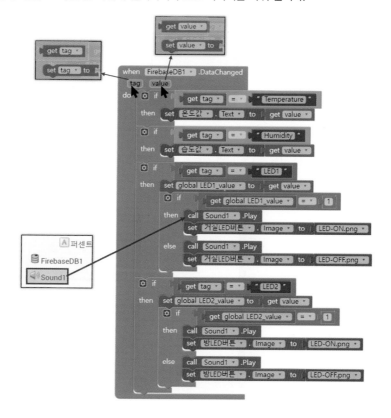

05 이제 앱 코딩이 모두 완료되었습니다. 다음 그림과 같이 상단 메뉴에서 **Build 〉 Android App(.apk)**를 클릭하고 잠시 기다리면 QR 코드가 나타날 것입니다.

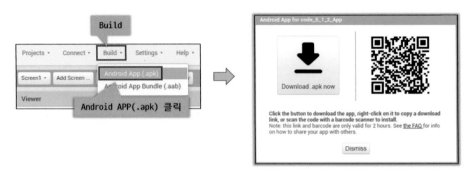

06 이 QR 코드를 스마트폰으로 스캔해서 앱 설치를 진행하면 됩니다. 다음 그림처럼 진행해 주세요.

(1) 구글 플레이 스토어에서
"MIT AI2 Companion"
검색해서 설치하기

(2) 설치한 앱을 실행하고
"scan QR code" 누르기

(3) QR코드를 찍어 앱
다운 받고 설치하기

07 설치한 앱을 실행했을 때 다음 그림과 나타나면 완료된 것입니다.

[실습코드 5.3.1]의 WIFI_SSID와 WIFI_PASSWORD 값을 우리 집 WiFi로 바꾸고, 코드를 ESP8266 보드에 업로드합니다. 그 후 시리얼 모니터를 여는데, 점(.)이 찍히다가 IP 주소가 출력되고 **Firebase Client**의 버전값이 나타나면 성공적으로 Firebase 웹 사이트에 연결된 것입니다. 그리고 Firebase 사이트의 저장소에 데이터가 나타나는 것을 다음 그림처럼 확인하실 수 있을 겁니다.

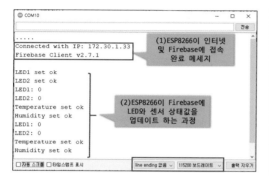

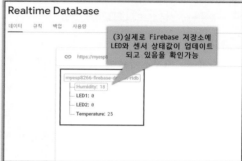

이제 스마트폰을 ESP2866 보드와 같은 WiFi를 쓰지 말고 외부 인터넷 망(다른 WiFi)이나 모바일 데이터를 켜주세요. 그리고 다음 그림과 같이 (1)온도와 습도값이 자동으로 나타나는지, (2)LED 전구 이미지를 터치했을 때 ESP8266 보드의 LED가 제어되는지, (3)Firebase 저장소의 데이터 상태가 변하는지 관찰하시면 됩니다(데이터 변화는 최대 3초 이내에 이루어집니다).

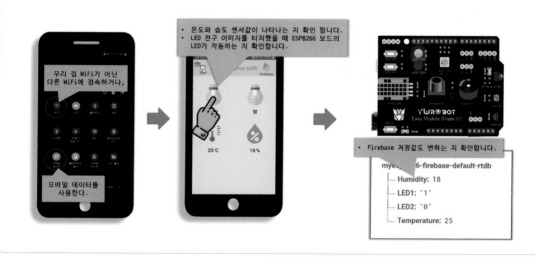

▣ 한 줄씩 코드 설명 (실습코드 5.3.1)

2~5: WiFi, Firebase, 온습도 센서 작동에 필요한 라이브러리입니다.

7~8: 우리 집 WiFi 이름과 비밀번호입니다.

9~10: 앞에 실습에서 입력한 Firebase 저장소의 URL과 비밀번호입니다.

11~19: LED와 센서값 처리에 필요한 각종 변수와 객체입니다.

24~31: ESP8266이 WiFi 통신을 이용해 Firebase에 접속하기 위한 코드입니다.

32~35: Firebase의 저장소인 RTDB(RealTime DataBase)의 몇 가지 초기 설정 코드입니다.

38~39: LED의 현재 상태(ON인지 OFF인지)를 감지(digitalRead)하여 Firebase 저장소에 상태값을 업데이트하는 코드입니다.

42: 3초(3000ms)에 한 번씩 if문이 실행됩니다.

45~49: Firebase 저장소에 **LED1**이라는 태그(tag)로 저장된 값을 가져와서(getInt) 정수로 바꾼 다음에 시리얼 모니터에 출력합니다.

51~55: Firebase 저장소에 **LED2**라는 태그(tag)로 저장된 값을 가져와서(getInt) 정수로 바꾼 다음에 시리얼 모니터에 출력합니다.

56~57: Firebase 저장소에서 가져온 상태값을 저장하고 있는 변수(LED1_value, LED2_value)를 digitalWrite 명령어에 적용하여 실제로 LED를 ON/OFF 하는 코드입니다.

60~64: 온도와 습도 센서값을 측정하여 변수 Temperature, humidity에 각각 저장하는 코드입니다.

66~71: 온도값은 태그명 **Temperature**, 습도값은 태그명 **Humidity**로 설정하여 Firebase에 온도값과 습도값을 저장(setInt)하는 코드입니다.

5.4 Google Assistant를 이용해 스마트홈 제어하기

이번 절에서는 집 밖에서 ESP8266 보드를 제어하는 상태는 유지하면서, 앱 인벤터로 만든 앱 대신 Google Assistant(구글 어시스턴트)를 이용해볼 것입니다. 실습을 진행하기에 앞서 Google Assistant는 무엇이고 어떤 기능을 하는지 간단히 알아보겠습니다.

Google Assistant는 구글이 개발하고 2016년 5월 '구글 개발자 콘퍼런스' 행사에서 발표한 인공지능 비서 앱입니다. 사용자는 주로 Google Assistant와 자연 음성(목소리)으로 상호 작용하지만 키보드 입력으로도 소통할 수 있습니다. Google Assistant에 음성을 입력하면 앱 스스로 인터넷을 검색하고 이벤트와 알람을 스케줄링하며 사용자 장치의 하드웨어 설정을 조정하는 등의 여러 가지 기능을 지원합니다.

이번 실습에서는 Google Assistant를 이용하여 목소리로 우리 집의 LED를 원격 제어해 보겠습니다.

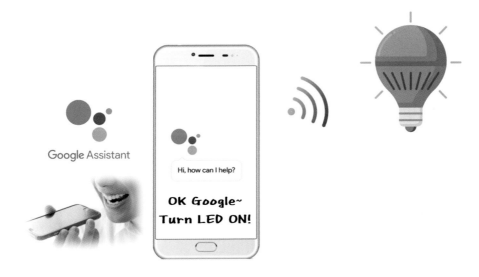

[그림 5.4.1] Google Assistant를 이용해 목소리로 우리 집 LED 제어하기

실습 1 **Google Assistant를 이용해 목소리로 우리 집 LED 제어하기**

- **실습 목표**: Google Assistant를 이용하여 ESP8266 보드에 연결된 LED를 외부 인터넷 망에서 목소리로 제어하는 실습을 진행합니다. 이때 사용되는 중간 플랫폼은 Adafruit IO와 IFTTT라는 웹 서비스입니다.

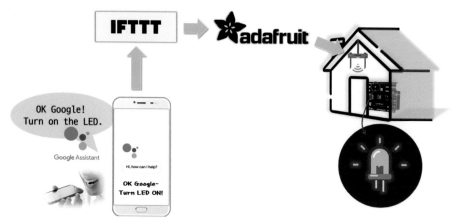

[그림 5.4.2] Google Assistant를 이용한 LED 제어의 통신 경로

- **하드웨어 준비**: 다음 그림과 같이 ESP8266 Wemos D1 보드에 Easy module shield를 연결합니다. 그리고 USB 케이블을 이용해서 아두이노를 컴퓨터에 연결합니다.

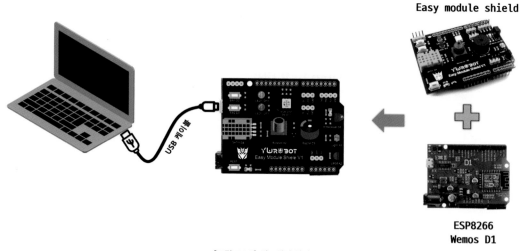

[그림 5.4.3] 하드웨어 연결

● Adafruit 웹 사이트 가입 및 사전 설정 작업

이번 절에서도 5.1과 같이 Adafruit 웹 사이트를 이용해볼 것입니다.

[01] 웹 브라우저를 열고 **io.adafruit.com**에 접속하여 로그인을 합니다(회원가입을 하지 않았다면 회원가입 후 로그인 해주세요).

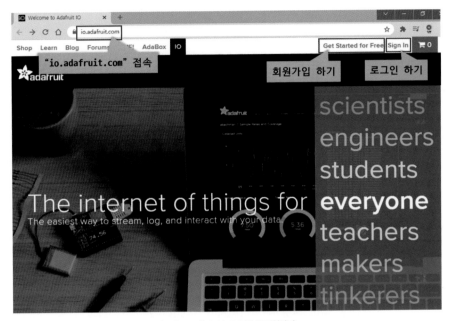

[그림 5.4.4] Adafruit IO에 로그인하기

[02] 로그인 후 상단 메뉴에서 **My Key**를 클릭합니다. 그리고 **Username**과 **Active Key** 값을 복사해 [실습코드 5.4.1]의 10, 11번 줄의 변수에 붙여 넣습니다.

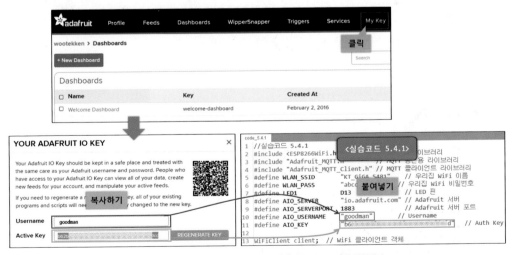

[그림 5.4.5] Username과 Active Key 값을 [실습코드 5.4.1]에 입력하기

03 **GoogleAssistant–Dashboard**라는 이름의 대시보드를 하나 만든 후 그 대시보드를 클릭해 화면을 이동합니다.

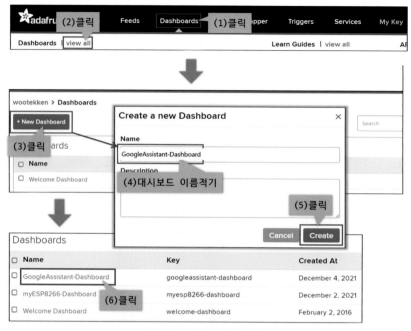

[그림 5.4.6] 대시보드 하나 만들기

04 **GoogleAssistant–Dashboard**로 들어가면 빈 대시보드 화면이 나타납니다. 다음 그림과 같이 여기에 스위치 블록을 하나 추가해 주세요.

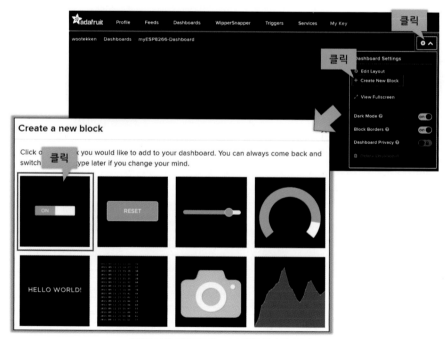

[그림 5.4.7] 대시보드에 switch 블록 하나 추가하기

05 스위치 블록을 이용하려면 ESP8266 보드의 어떤 변수와 연결되어야 합니다. 다음 그림과 같이 **google_LED1**이라는 새로운 Feed를 생성하고, [실습코드 5.4.1]의 17번 줄에도 넣어 줍니다.

[그림 5.4.8] google_LED1 피드(Feed) 입력하기

06 스위치 블록을 클릭할 때 ESP8266 보드로 전송될 값으로 Button On Value는 **1**, Button Off Value는 **0**을 입력한 후, 오른쪽 하단의 **Create block**을 눌러 스위치 블록을 생성해 줍니다.

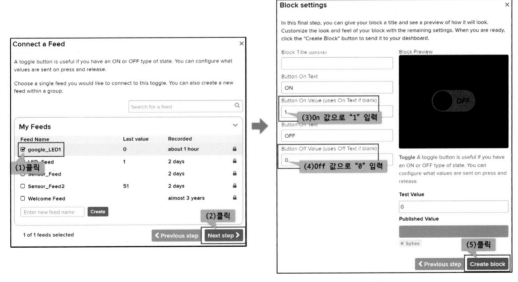

[그림 5.4.9] switch on/off 값으로 1과 0 입력하고 블록 생성하기

07 이제 Adafruit IO에서 해야 할 작업은 모두 끝냈습니다. [실습코드 5.4.1]를 ESP8266 보드에 업로드하러 가시면 됩니다.

```
code_5.4.1 §
1  //실습코드 5.4.1
2  #include <ESP8266WiFi.h>          // WiFi용 라이브러리
3  #include "Adafruit_MQTT.h"        // MQTT 통신용 라이브러리
4  #include "Adafruit_MQTT_Client.h" // MQTT 클라이언트 라이브러리
5  #define WLAN_SSID        "KT_GiGA_5481"     // 우리집 WiFi 이름
6  #define WLAN_PASS        "abcd1234"         // 우리집 WiFi 비밀번호
7  #define LED1             D13                // LED 핀
8  #define AIO_SERVER       "io.adafruit.com"  // Adafruit 서버
9  #define AIO_SERVERPORT   1883               // Adafruit 서버 포트
10 #define AIO_USERNAME     "wootekken"        // Username
11 #define AIO_KEY          "b62bd13209596e1f056819ee18a452a33a300dcc"   // Auth Key
12
13 WiFiClient client;  // WiFi 클라이언트 객체
14 Adafruit_MQTT_Client mqtt(&client, AIO_SERVER, AIO_SERVERPORT, AIO_USERNAME, AIO_KEY); // MQTT 객체
15
16 /*feed 이름 설정 및 객체 */
17 Adafruit_MQTT_Subscribe led_1 = Adafruit_MQTT_Subscribe(&mqtt, AIO_USERNAME"/feeds/google_LED1");
18
19 void setup() {
20   Serial.begin(115200);
21   pinMode(LED1, OUTPUT);  // :LED 출력모드
22   Serial.print("Connecting to ");
23   Serial.println(WLAN_SSID);
24   WiFi.begin(WLAN_SSID, WLAN_PASS);         // WiFi 접속 시작
25   while (WiFi.status() != WL_CONNECTED) { // WiFi 접속 검사
26     delay(1000);
27     Serial.print(".");
28   }
29   Serial.println();
30   Serial.println("WiFi connected");
31   Serial.println("IP address: ");
32   Serial.println(WiFi.localIP());   // 로컬 IP 출력
33   mqtt.subscribe(&led_1);  // led_1 feed를 mqtt 통신 subscribe 설정
34 }
35
36 void loop() {
37   MQTT_connect();   // MQTT 통신 연결
38   Adafruit_MQTT_Subscribe *subscription;
39   while ((subscription = mqtt.readSubscription(20000))) {
40     if (subscription == &led_1) {   // 읽어온 데이터가 led_1 feed라면
41       Serial.print(F("Got: "));
42       Serial.println((char *)led_1.lastread);        // 데이터 출력
43       int led_1_State = atoi((char *)led_1.lastread); // 데이터를 정수형으로 변환
44       digitalWrite(LED1, led_1_State);                // LED 제어에 데이터 적용
45     }
46   }
47 }
48
49 void MQTT_connect() {   // MQTT 통신 함수
50   int8_t ret;
51   if (mqtt.connected()) {
52     return;
53   }
54   Serial.print("Connecting to MQTT... ");
55   uint8_t retries = 3;
56   while ((ret = mqtt.connect()) != 0) {
57     Serial.println(mqtt.connectErrorString(ret));
58     Serial.println("Retrying MQTT connection in 5 seconds...");
59     mqtt.disconnect();
60     delay(5000);
61     retries--;
62     if (retries == 0) {
63       while (1);
64     }
65   }
66   Serial.println("MQTT Connected!");
67 }
```

● 실습코드 업로드 후 IFTTT 설정하러 가기

[01] IFTTT 웹 사이트(ifttt.com)에 접속하여 회원가입 및 로그인을 합니다. 그리고 다음 그림과 같이 **My Applets**를 눌러서 들어가 **Create**를 클릭해 줍니다.

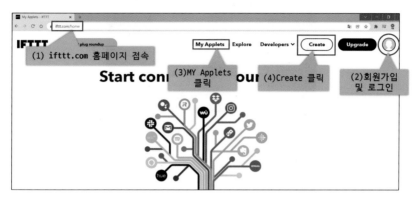

[그림 5.4.10] IFTTT 접속

[02] 화면에서 **If This**를 클릭하고 **google assistant**를 검색한 후 Google Assistant 창을 클릭해 주세요.

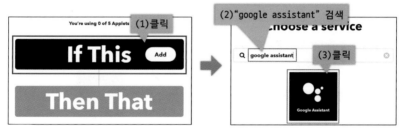

[그림 5.4.11] Google Assistant 찾기

[03] 간단한 문장을 음성으로 말할 것이기 때문에 다음 그림처럼 **Say a simple phrase**를 선택합니다.

[그림 5.4.12] Say a simple phrase를 선택

04 이제 Google Assistant에 내가 말할 문장을 입력합니다. 한국말은 설정이 안 되므로 다음과 같이 영어를 입력해 주세요. 그리고 **Create trigger**를 클릭해 주세요.

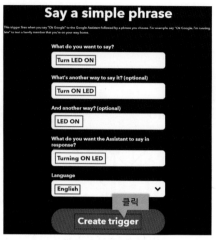

[그림 5.4.13] 말 할 문장 입력하기

05 다음에 나타나는 화면에서 **Then That**을 클릭하고, **adafruit**를 검색한 후 Adafruit 창을 클릭해 주세요.

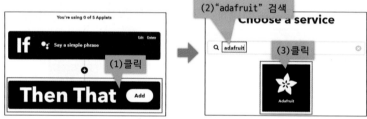

[그림 5.4.14] Adafruit 추가

06 Adafruit에 최초로 연결할 때는 인증 버튼을 클릭해야 합니다. 화면에 나타난 흰색 창의 스크롤을 아래로 내리다 보면 **AUTHORIZE** 인증 버튼이 있는데 이것을 클릭해 주세요. 그 후에 Connect 버튼을 눌러 주시면 됩니다.

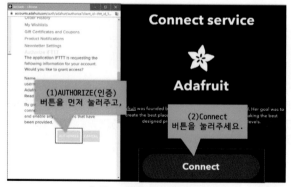

[그림 5.4.15] Adafruit 연결하기

07 Choose an action이 나오면 바로 아래 **Send data to Adafruit IO**를 클릭합니다.

[그림 5.4.16] action 선택

08 우리가 Adafruit IO에서 만들었던 Feed인 **google_LED1**을 선택하고, 저장할 데이터로는 1을 적어 줍니다. 그리고 **Create action** 버튼을 눌러 주세요.

[그림 5.4.17] Feed 선택과 전송할 데이터 설정

09 **Continue 〉 Finish** 버튼을 차례대로 클릭하면 됩니다. 지금까지 한 작업은 LED를 켜는 말(LED ON, Turn LED ON, Turn ON LED)을 Google Assistant 앱이 입력 받으면, Adafruit IO에 연결하는 설정이었습니다.

[그림 5.4.18] 연결 마무리하기

10 LED ON 설정 절차와 같은 방법으로 LED OFF 설정을 하겠습니다. **Create** 버튼을 다시 한번 클릭해 주세요.

[그림 5.4.19] Create 다시 클릭

11 **If This**를 클릭하고 google assistant를 검색하여 추가해 주세요. 그리고 **Say a single phrase** 선택 후 LED 를 끄기 위한 말(Turn LED OFF, Turn OFF LED, LED OFF, Turning LED OFF)을 차례대로 입력합니다. 마 지막으로 **Create trigger** 버튼을 누릅니다.

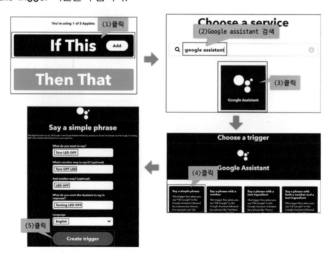

[그림 5.4.20] Create 다시 클릭

12 **Then That**을 선택하고 adafruit을 검색하여 클릭합니다.

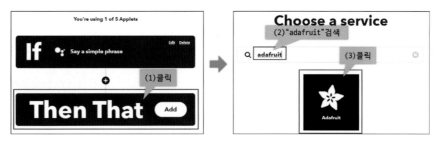

[그림 5.4.21] adafruit 선택

13 다음 그림과 같이 계속 설정을 진행합니다. 피드(Feed)로 **google_LED1**을 선택하고 저장할 데이터로 **0**을 입력한다는 것에 유의해 주세요.

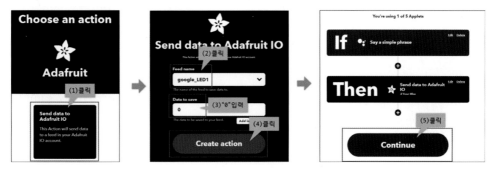

[그림 5.4.22] google_LED1 피드(Feed) 연결 후 데이터 0 입력

14 Finish 버튼을 누름으로써 LED OFF 설정도 마쳤습니다.

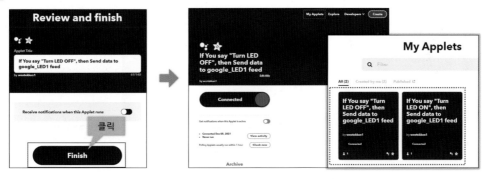

[그림 5.4.23] 완료

[실습코드 5.4.1]의 WIFI_SSID와 WIFI_PASS 값을 우리 집 WiFi로 바꾸고, 코드를 ESP8266 보드에 업로드합니다. 그 후 시리얼 모니터를 여는데, 점(.)이 찍히다가 IP 주소가 출력되면 성공적으로 Adafruit IO 웹 사이트에 연결된 것입니다.

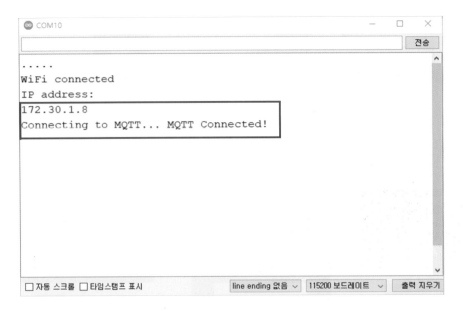

연결을 확인했으면 Google Assistant를 실행해 언어 설정을 합니다. 먼저 안드로이드 스마트폰에서 **구글 플레이 스토어**에 접속하여 **google assistant**를 검색 후 설치합니다. 설치 후 앱을 실행시키고, 계정 설정으로 들어가서 **언어**를 **영어**로 설정해 주세요(영어 음성 인식을 할 것이기 때문에, 한글보다는 영어로 설정하는 편이 더 잘 작동됩니다. 물론 한글로 설정되어 있어도 영어로 발음만 좋게 말한다면 어느 정도 인식이 되기는 합니다).

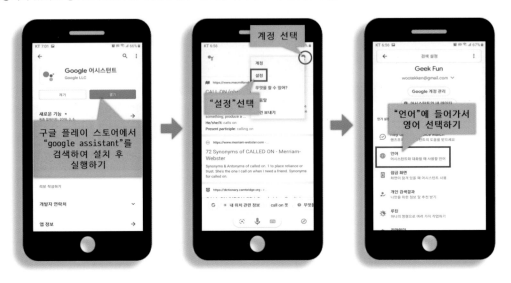

언어 설정을 마쳤으면 이제 앱을 간편히 실행할 수 있도록 설정해 보겠습니다. Google Assistant 앱의 **계정 선택 〉 Hey Google 및 Voice Match**에 들어가서 **Hey Google** 버튼을 켜주세요. 이 기능을 활성화하면 손으로 앱을 동작시키지 않고 "OK~ Google~"이라고 부르기만 해도 Google Assistant가 반응하게 됩니다.

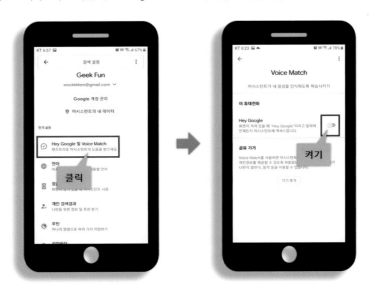

위 설정까지 마쳤으면 다음 그림과 같이 실행해 보세요.

앱을 실행한 상태에서 "OK~ Google~"이라고 부르면 Google Assistant가 사람의 말을 이해할 준비를 합니다. 이때 다시 한번 "LED ON", "Turn on LED", "Turn LED ON" 등을 또박또박 말해 보세요. 구글의 대답으로 "Turning ON LED"가 나타나면서 ESP8266 보드의 LED가 켜지면 성공입니다. 반대로 "OK~ Google~"이라고 다시 말한 후 "LED OFF", "Turn LED OFF" 등의 말을 천천히 했을 때 LED가 꺼지는지도 확인해 보세요.

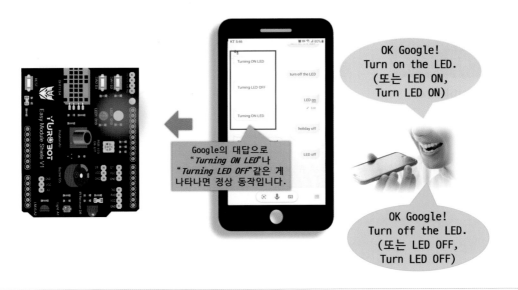

▣ 한 줄씩 코드 설명 (실습코드 5.4.1)

2~17: WiFi 통신과 Adafruit IO 설정에 필요한 각종 변수들입니다.

24~32: ESP8266 보드를 WiFi 통신으로 접속해서 로컬 IP를 확인합니다.

33: MQTT led_1 객체의 subscribe을 설정합니다.

37: MQTT 통신을 연결하는 코드입니다.

38~44: led_1 subscriber가 Adafruit IO로부터 데이터 변화를 읽어서 D12번 핀 LED에 상태값을 적용합니다.

49~67: MQTT 통신을 연결하는 함수의 몸체입니다.

+개념 보충 **MQTT란?**

이 코드에서는 MQTT라는 통신 프로토콜을 사용합니다. MQTT는 아두이노 같은 임베디드 장치를 이용한 통신을 위한 프로토콜로서, 최소한의 전력과 데이터양으로 통신하는 프로토콜입니다. 따라서 IoT와 모바일 앱 등의 통신에 매우 적합합니다. MQTT는 HTTP, TCP 등의 통신과 같이 클라이언트-서버 구조로 이루어지는 것이 아니라 Broker, Publisher, Subscriber 구조로 이루어집니다. Publisher는 Topic이라는 것을 발행(Publish)하고, Subscriber는 Topic을 구독(subscribe)합니다. Broker는 이들을 중계하는 역할을 합니다. Topic은 어떤 기준을 이용한 계층적 데이터 모음입니다.

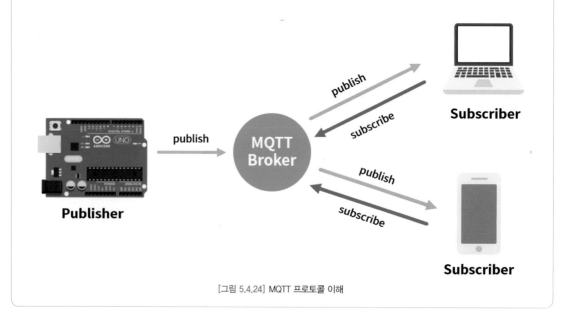

[그림 5.4.24] MQTT 프로토콜 이해

상상을 더해 만드는 나만의
아두이노
통신 프로젝트

1판 1쇄 인쇄 2022년 2월 15일
1판 1쇄 발행 2022년 2월 25일
—

지 은 이 우지윤
발 행 인 이미옥
발 행 처 디지털북스
정　　가 18,000원
등 록 일 1999년 9월 3일
등록번호 220-90-18139
주　　소 (03979) 서울 마포구 성미산로 23길 72 (연남동)
전화번호 (02)447-3157~8
팩스번호 (02)447-3159
—
ISBN 978-89-6088-392-5 (93000)
D-22-02
Copyright ⓒ 2022 Digital Books Publishing Co., Ltd

DIGITAL BOOKS
디지털북스